Gabriele Mandel

GEZEICHNETE SCHÖPFUNG

Gabriele Mandel

GEZEICHNETE SCHÖPFUNG

Eine Einführung in das hebräische Alphabet und die Mystik der Buchstaben

Aus dem Italienischen
von Brigitte Lindecke

fourierverlag

Die Originalausgabe dieses Buches erschien 2000 unter dem Titel »L'Alfabeto ebraico«.

Deutsche Erstausgabe

Aus dem Italienischen von Brigitte Lindecke
Wissenschaftliche Betreuung und
Lektorat: Dr. Jürgen Werlitz, Augsburg
Satz: Bora – Desk Top Publishing, München
Covergestaltung: Thomas Jarzina, Köln
Printed in Germany

ISBN 3-932412-54-0
www.fourierverlag.de

Inhalt

Zeichnung auf einem in Silber gearbeiteten *Tas* von Ludwig Wolpert, Israel, 1940.
Es trägt die Aufschrift: „Deine Tummim und deine Urim für den Mann, der dir treu ist", Dtn 33,8.

VORWORT

»Wort« heißt auf hebräisch *»ot«* (Plural *otijjot*). In der Bibel findet sich *»ot«* jedoch auch häufig in der Bedeutung »Zeugnis«, »Zeichen«:

- Und der Herr machte Kain ein *ot*, ein »Zeichen« (Gen 4,15);
- Der (der Bogen) wird ein *ot*, ein »Zeichen« des Bundes sein. (Gen 9,13);
- Er (der Sabbat) ist ein *ot*, ein »Zeichen« (Ex 31,17);
- Und tu an mir ein *ot*, ein »Wunder«, zum Besten (Ps 86,17);

In einigen Fällen wird *»ot«* (maskulin mit Plural *otot*) im Sinne von »Wunderzeichen«, »Wunder« verwendet:

- Nimm den Stab, mit dem du *otot*, »Wunder«, tun wirst (Ex 4,17);
- Du hast *otot*, »Zeichen« und »Wunder«, getan (Jer 32,20);
- Du hast deine *otot*, deine »Wunder« in Ägypten gesetzt (Ps 78,43).

Und in der Tat, was ist ein »Buchstabe«, eine ot, wenn nicht ein Zeichen, mit dem, gemeinsam mit anderen *ottijot* (Plural feminin) ein Konzept, eine Idee, ein System übermittelt wird? Und wenn nun dieses »Zeichen« die Art und Weise ist, in der Gott seinen Willen übermittelt, überrascht es nicht weiter, dass *ot* auch ein Wunder bezeichnet.

Und hier hat »Das hebräische Alphabet«, das jüngste Werk von Gabriele Mandel, dem bekannten Wissenschaftler und Autor zahlreicher, höchst interessanter Aufsätze über die unterschiedlichsten Themen, eine Lücke im Wissen um die hebräische Kultur gefüllt.

Von den ersten Seiten an entführt uns sein Werk in die Welt des Alphabets, von dem man so wenig weiß, obgleich es eine der größten Erfindungen der Menschheit ist.

Wie oft schon haben wir uns gefragt, durch welch wundersame Intuition von Völkern, die vor Jahrtausenden gelebt haben, wir in der Lage sind, unsere Gedanken zu fixieren, so dass sie von unseren Zeitgenossen oder Nachfahren rezipiert werden können?

Und aus welchem Grund diese Gesamtheit grafischer Zeichen nicht in allen ethnischen Gruppen identisch ist? Warum die Zeichen in einigen Zivilisationen vertikal und nicht horizontal angeordnet sind, oder von rechts nach links statt von links nach rechts gelesen werden?

Und, um auf unsere anfängliche Feststellung zurückzukommen, aus welchem Grund die »ot«, der »Buchstabe«, das »Zeichen«, in verschiedenen mystischen Strömungen eine symbolische Bedeutung erlangt hat, der über den eines simplen Mediums zur Übermittlung des Wortes und somit des Gedankens hinausgeht?

Mandels Werk gibt uns nicht nur eine Antwort auf all diese Fragen, sondern lädt uns dazu ein, unser Wissen zu vertiefen und voller Respekt und Staunen ein weitgehend unerforschtes Feld zu betreten. Es eröffnet uns neue Horizonte.

Und so stellt Mandel am Ende seiner Einleitung folgerichtig fest: »Das hebräische Alphabet wird nicht nur als eine reine Abfolge von Zeichen zur Transkription von Wörtern und Sätzen betrachtet. Wenn man sich mit der esoterischen Tradition vertraut macht, entdeckt man, dass jedem Buchstaben ein Grundbegriff religiöser Erkenntnis selbst zugeordnet worden ist, und diese Erkenntnis gründet sich auf den Buchstaben als Sammelpunkten der göttlichen Macht. All das mag dem gewöhnlichen Leser dieses entzauberten Abendlandes, das immer weniger mit religiösen und mystischen Gedanken in Berührung kommt, absurd erscheinen, doch für die jüdische Tradition hat es absoluten Wert. Für sie sind die Buchstaben angefüllt mit einer transzendenten Energie, die die Menschheit mit dem Grund ihrer eschatologischen Bestimmung verbindet«.

Und auch diejenigen, die, wie der Verfasser dieses Vorwortes, nicht von Natur aus oder aus freier Entscheidung geneigt sind, sich auf die faszinierende Welt der Mystik einzulassen, können gar nicht umhin, dem Schlusssatz zuzustimmen, demzufolge »die Bedeutung der Buchstaben des Alphabets zu kennen, heißt, die göttliche Essenz der Erscheinungswelt zu kennen; und die Struktur der Erscheinungswelt findet ihre genaue Entsprechung in den Buchstaben des Alphabets, aus denen und dank derer sich letztlich jeder Gedanke, und damit jedes menschliche Bewusstsein formt«.

rav Elia Kopciowski

EINFÜHRUNG

Geschichte des hebräischen Alphabets

Das Konzept des Alphabets – die Art der Umwandlung eines Lautes in ein Schriftzeichen – wurde im »Fruchtbaren Halbmond« geboren, wie die romantisch klingende Bezeichnung dieses geografischen Landstrichs lautet, der sich von Ägypten bis nach Mesopotamien erstreckt. Ausschlaggebend dafür war das Aufeinandertreffen von nomadischen und sesshaften Völkern. Waren Letztere daran gewöhnt, Dinge anhand von bildhaften und gegenständlichen Zeichen zu erkennen, neigten erstere zur Abstraktion, gebrauchten Symbole und unterließen bildhafte Darstellungen.

Um »drei Krüge Korn« zu bezeichnen, benutzten die sesshaften Völker Piktogramme: drei Krüge mit einer Ähre darüber; oder aber eine Ähre neben einem Krug und darunter drei Striche. Die Nomadenvölker hingegen – weniger an die von der Landwirtschaft festgelegten Mengenangaben gewöhnt – nahmen das »Ä« von »Ähre«, das »K« von »Krug«, und fassten die Zeichnungen, die diese Wörter darstellten, in vereinfachten Schriftzeichen zusammen.

Keine Frage, warum sich die Alphabetschrift durchgesetzt hat: Ein naher Osten, in dem Schrifttum, Gesellschaft, Wirtschaft, Religion und Handel erblühten, musste sich dem wachsenden Bedarf an staatlicher, wirtschaftlicher, juristischer sowie jeglicher anderen Art von Kommunikation stellen – angefangen von privater Kommunikation bis hin zu Besitzurkunden. Dadurch wurde die Verbreitung eingängiger und einfacher Schriftzeichen unumgänglich.

Eine erste feste Form hat dieses Modell bei den Protokanaanäern erhalten. Ihr Alphabet wurde in zwei Hauptzweigen, dem phönizischen und dem protoarabischen Alphabet, weiterentwickelt. Das phönizische Alphabet teilt sich seinerseits in die aramäische, die griechische und die althebräische Familie. Aus dem aramäischen Alphabet schließlich gehen die Schriftarten des klassischen Hebräisch und klassischen Arabisch hervor, dazu eine ganze Reihe von Alphabeten verschiedener asiatischer Sprachen und Völker. Wir haben folglich einen althebräischen Stil, der sich völlig vom klassischen Hebräisch unterscheidet; er ist in einigen Inschriften ab dem 8. Jh. v. Chr. bezeugt (die Bauinschrift aus dem Schiloach-Tunnel, Grabinschriften aus Jerusalem, Elfenbeininschriften von Nimrud, mehrere Hundert Siegel). Auf das 7. Jh. v. Chr. wird ein Papyrusfragment aus dem Wadi Muraba'at datiert, das dank des dort vorherrschenden trockenen Klimas erhalten ist. Der Großteil der Schriftfunde jedoch besteht aus Tonscherben: Siegel, Inschriften, Namen, die vor dem Brennen in die Erde geritzt wurden, und *Ostraka*: Solche Tonscherben mit kurzen Notizen oder Namen, die eingeritzt oder mit Tinte geschrieben wurden, hat man vor allem in Samaria, Lachisch und Arad gefunden.

Zu berücksichtigen ist, dass die frühe althebräische Schrift auch von anderssprachigen Völkern benutzt wurde. Das gilt für die Moabiter, die einen kanaanäischen Dialekt sprachen (Mescha-Stele) wie für die Edomiter (Inschriften von Elat und Umm el-Biyāra bei Petra).

Unter sprachlichem Gesichtspunkt sind Inschriften im hebräischen (= nordisraelitischen) wie im judäischen bzw. jerusalemischen Dialekt erhalten. Ab dem 5. Jh., als sich Aramäisch in Sprache und Schrift weithin ausbreitete und zum allgemeinen Kommunikationsmittel zwischen den verschiedenen Völkern des fruchtbaren Halbmondes wurde, wurde die althebräische Schrift (Typ: Althebräisch der Zeit des zweiten Tempels, ab 516 v. Chr.) nur noch vom zadokitschen Klerus zur Abfassung der heiligen Schriften beibehalten (z.B. Fragmente des *Pentateuch*, die unter den »Schriftrollen vom Toten Meer« in Qumran gefunden wurden). Daneben wurden Münzen mit althebräischer Beschriftung aus der Hasmonäer-Epoche (161-40 v. Chr.) und der Zeit der beiden jüdischen Aufstände (66-135 n. Chr.) gefunden. Nach der Niederschlagung des zweiten jüdischen Aufstands kam Althebräisch im Judentum vollends außer Gebrauch. Allein die Samaritaner verwendeten weiterhin diesen Schrifttyp.
Die Aramäer hatten zwischen dem 12. und dem 11. Jh. v. Chr. die phönizische Schrift übernommen, und im achten Jh. v. Chr. hatten die Assyrer Aramäisch in Sprache und Schrift unter all den verschiedenen Volksgruppen ihres weitläufigen Reiches verbreitet. Aramäische Inschriften hat man selbst im Iran, in Afghanistan und Pakistan gefunden. Darüber hinaus war Aramäisch die »lingua franca«, die in weiten Teilen des Mittelmeerraumes diplomatischen und wirtschaftlichen Zwecken diente.
Ab dem 6. Jh. v. Chr. begannen sich aus dem Aramäischen verschiedene lokale Schriftformen herauszubilden. Eine Grabinschrift aus Araq al-Amir (Wadi es-Sir, Transjordanien), bei deren Datierung die Forscher uneinig sind (580 v. Chr. oder 176 n. Chr.), stellt eine Übergangsstufe zwischen Althebräisch und klassischem Hebräisch dar. Im Westen existieren zwei Nationalschriften: Judäisch (die so genannte hebräische Quadratschrift, *ketab meruba*) und Nabatäisch; im Osten Palmyrenisch, Syrisch, Mandäisch, Pahlavi und parsisches Persisch sowie Schriften aus Nisa (Turkmenistan), Armazi (Georgien) und Elymais (Kurdistan) …
Die ersten Beispiele hebräischer Quadratschrift gehen auf die Zeit der Makkabäer (ca. 167-161 v. Chr.) und das darauf folgende Reich der Hasmonäer (161-40 v. Chr.) zurück. Hierbei handelt es sich um Inschriften auf Ossuarien. Die erste Handschrift ist vermutlich die des Papyrus Nash aus dem 1.-2. Jh. n. Chr. (Universität Cambridge).

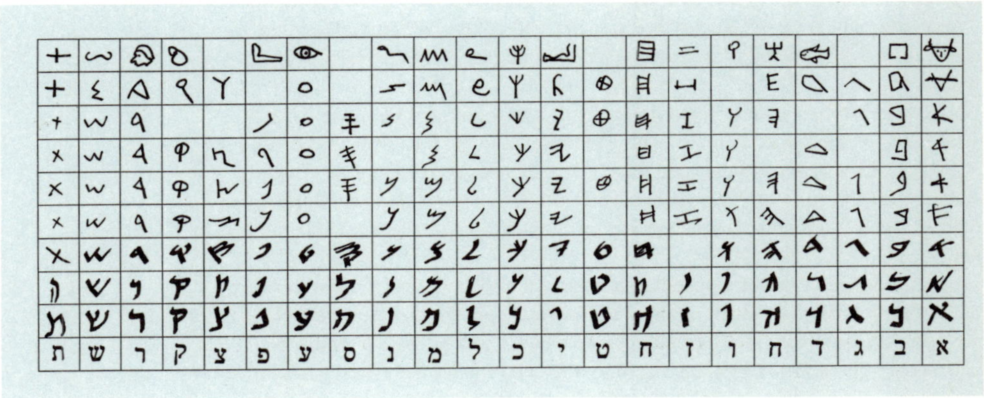

Die Entwicklung des kanaanäischen Alphabets (von oben nach unten:
1. Sinaitisches Protokanaanäisch, 1500 v. Chr.;
2. Protokanaanäisch des 13.-12. Jh. v. Chr.;
3. Phönizisch (Sarkophag von Hiram, 1000 v. Chr.;
4. Althebräisch (Kalender von Geser), Ende des 10. Jh. v. Chr.;
5. Althebräisch (Mescha-Stele), Mitte des 9. Jh. v. Chr.;
6. Althebräisch (Inschrift von Schiloach), Ende des 7. Jh. v. Chr.;
7. Althebräisch (Ostraka von Arad, Palästina), Anfang des 6. Jh. v. Chr.;
8. Aramäisch (Elephantine-Papyri), Ende des 5. Jh. v. Chr.;
9. Hebräische Quadratschrift (Jesaja-Rolle), 2. Jh. v. Chr.;
10. Hebräische Quadratschrift: zeitgenössische Buchstaben.

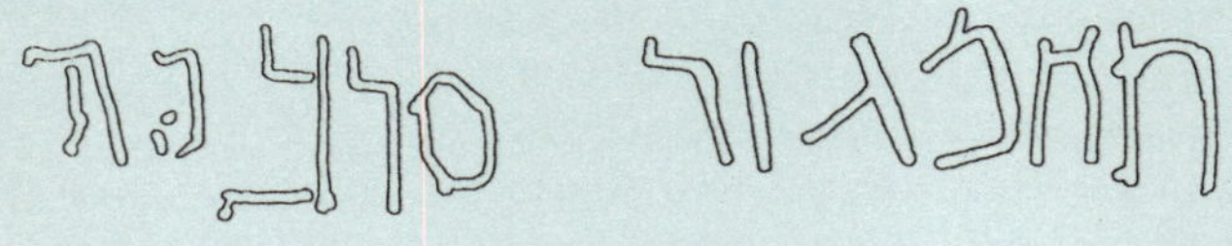

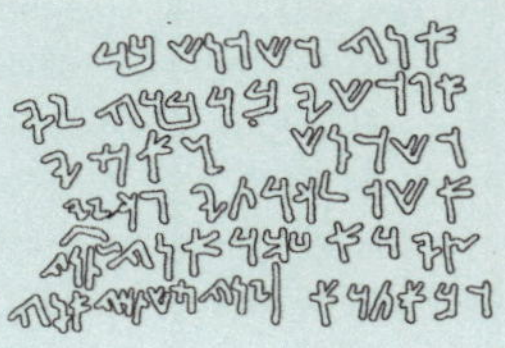

Aus dem 7. und 8. Jh. n. Chr. stammen hingegen Tausende von Fragmenten aus der Genisa in Kairo (in einer Genisa bewahren orthodoxe Juden abgenutzte Texte auf, die aufgrund des sakralen Charakters der Heiligen Schrift nicht zerstört werden dürfen). Ein Fragment datiert auf 916 n. Chr.

Von Bedeutung für die historische Einteilung der Entwicklungsstufen der Schrift sind die so genannten Rollen vom Toten Meer, sowie in Masada entdeckte Briefe und Botschaften Bar Kochbas und seiner Offiziere (132-135 n. Chr.).

In diesen Handschriften hat man drei verschiedene Schrifttypen ausgemacht: die traditionelle Quadratschrift (man sollte sie besser »nicht-quadratisch« nennen, denn die gemeinsame Grundform ist ein in der Höhe ausgerichtetes Rechteck und kein Quadrat), die »Kursive« und den mascha-itischen Typ: zweiundzwanzig Grundbuchstaben, denen mit der Zeit durch den Zusatz von Punkten oder Strichen weitere Phoneme beigefügt wurden. Diese drei Stile imitierten einander, durchdrangen sich zuweilen gegenseitig. Sie tauschten Themen, Texte und Schreibgeräte aus, und die Schreibgeräte sind natürlich grundlegend für stilistische Unterschiede; so traten möglicherweise auch Unterschiede auf, als das traditionelle, zugeschnittene Schreibrohr in Europa allmählich durch Gänsefedern ersetzt wurde.

Einige Buchstaben ähneln einander derart, dass weniger geschulte Augen sie leicht verwechseln können; und zwar Bet und Kaf, Gimel und Nun, Waw und Sajin, He mit Chet und Taw. Darüber hinaus haben einige Buchstaben (Kaf, Mem, Nun, Pe, Zade) zwei Formen: eine, wenn sie am Anfang oder in der Mitte eines Wortes stehen, eine zweite, wenn sie am Ende stehen.

Im Laufe der Jahrhunderte gesellte sich zur Kursiv- und zur Quadratschrift noch die rabbinische Schrift, auch *Raschi-Schrift* genannt, die in erster Linie von den Gelehrten des Mittelalters verwendet wurde. Alle Schrifttypen haben aber gemeinsame Merkmale: Wie alle semitischen Schriften schreibt man das Hebräische von rechts nach links; Worte werden am Zeilenende

Links: Das älteste Beispiel hebräischer Quadratschrift: Inschrift von Araq al-Amir, 6.-5. Jh. v. Chr.

Oben: Inschrift des Grenzsteins von Geser, zwischen Jerusalem und Jaffa, 1908 gefunden.

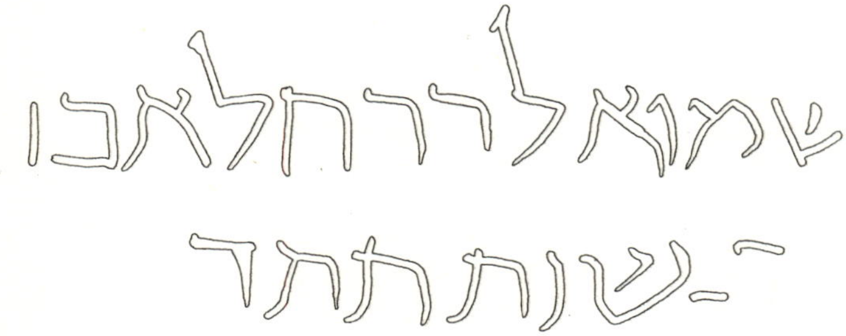

Fragment einer Grabinschrift von Barcelona: »Schemuel Sohn von Chalabu, im Jahr 804«.

nicht getrennt, wodurch ein Wortteil in die nächste Zeile geschoben würde; es gibt keine Großbuchstaben; und in der Frühzeit wurden lediglich die Konsonanten geschrieben (die Buchstaben Alef, He, Waw, Jod, die so genannten »schwachen Konsonanten«, bezeichnen mitunter Vokale). Dennoch griff man in einer späteren Phase (zwischen 750 und 950 n. Chr.) auf diakritische Zeichen – Punkte und Striche über und unter den Buchstaben – zurück, um Vokale anzuzeigen (s. dazu die Ausführungen auf S. 86f. Neben diesen *Nekuddim* wurden für die psalmodierende Lesung der Heiligen Schrift und die Musik weitere Zeichen entwickelt, die *Teamim* (Akzente). Die bedeutendsten Punktationssysteme sind das babylonische, das palästinische und das tiberiensische. Im babylonischen System, in dem tendenziell über der Linie, also supralinear punktiert wird, werden einige Ausspracheweise von winzigen Buchstaben geliefert; im palästinischen, ebenfalls supralinearen System, ist die Basisgröße dagegen im Wesentlichen der Punkt; im tiberiensischen schließlich, in dem die Vokalzeichen vorwiegend unter die Buchstaben gesetzt werden, werden sowohl Punkte als auch Striche verwendet. Letzteres ist das am weitesten entwickelte, präziseste, mit-

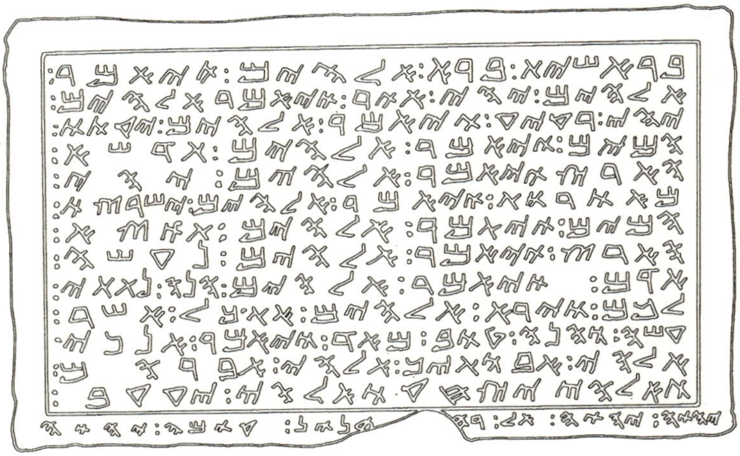

Samaritanische Inschrift, die sich aus dem Althebräischen entwickelt hat. Die Inschrift stammt aus der Zeit vor 529 n. Chr., dem Datum der Zerstörung des samaritanischen Kultortes auf dem Berg Garizim.

hin auch das gebräuchlichste System. Da es nur aus einfachen Punkten und Strichen besteht, gab es außerdem auch orthodoxen Juden keinen Anlass zur Beschwerde, dass die Textgestalt der Schrift nicht sichtbar verändert werden dürfe.

Eine letzte allgemeine Betrachtung: Das hebräische Alphabet wurde auch benutzt, um in anderen Sprachen zu schreiben, insbesondere in Arabisch und Türkisch (vor allem von den Karäern der Krim). So wurde es auch adaptiert, um in Jiddisch und in Judezmo zu schreiben. Das Jiddische, zu Beginn *Loschen Aschkenas*, Sprache Deutschlands, genannt, ist das Idiom der Aschkenasim par excellence; im Mittelalter im Rheinland entstanden, nahm es auch romanische, polnische, russische und englische Termini auf. Das Jiddische ist reich an literarischen Meisterwerken und hat eine beträchtliche Anzahl von Sprechern in ganz Mitteleuropa. Das Judezmo, oder Judenspanisch, auch Ladino genannt, ist die Sprache der Sefardim. Begriffe aus dem

Kastilischen der Zeit vor 1492, und in der Folge auch arabische und türkische Termini sind in das Judezmo eingeflossen. Noch heute wird es im gesamten Mittelmeerraum gesprochen.

Die Kursivschrift

Die Kursivschrift ist den Originalschriften aramäischen Typs näher als die Quadratschrift. Sie hat sich in der späten hasmonäischen Periode (140-40 v. Chr.) und in der frühherodianischen Periode (Herodes I., 37-4 v. Chr.) herausgebildet und erreichte ihre volle Blüte in der Zeit des zweiten Aufstandes (132-135 n. Chr.). Sie tendiert dazu, die Buchstaben miteinander zu verbinden – im Gegensatz zur Quadratschrift –, und ist für die frühen Perioden lediglich aufgrund von Papyri, Nachrichten von Bar Kochba an seine Offiziere (aus Nahal Hever und Wadi Muraba'at) bekannt, und wurde nach dieser Zeit nicht mehr benutzt.
Nun kam eine Kursivschrift in Mode, die sich von der Quadratschrift herleitete und die bald unterschiedliche Varianten herausbildete, die sich nach Zeitraum und vor allem Ort der Verwendung unterscheiden. Somit haben wir den palästinisch-syrischen Stil, der wenig verwendet wurde; den ägyptischen Stil, der in seiner ursprünglichen Form bis zum 8. Jh. in Gebrauch war, dann einen weiteren Entwicklungsschritt machte und bis ins 10. Jh. hinein verwendet wurde; den babylonischen Stil, der mit Tinte auch auf Beschwörungsschalen geschrieben wurde; den formal völlig ausgereiften per-

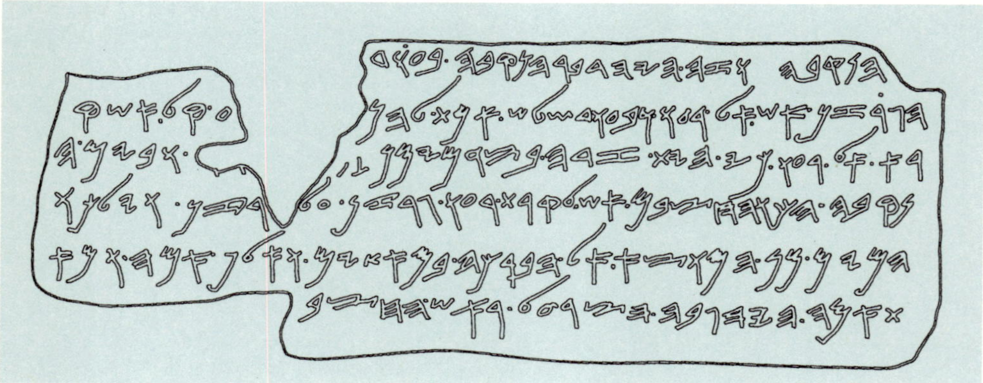

Inschrift von Schiloach in althebräischer Schrift. Sie geht vermutlich auf die Zeit vor 700 v. Chr. zurück und berichtet vom Bau des Schiloach-Tunnels.

sischen Stil; den temanischen Stil, der auf das 12. Jh. zurückgeht; den maarawischen Stil (ab 11. Jh.), von ungewöhnlichem Erscheinungsbild; den sefardischen Stil, ebenfalls ab dem 11. Jh., der weit verbreitet war; den kaum benutzten jewanischen Stil aus Griechenland; den italkianischen Stil, der offenbar aus dem jewanischen hervorgegangen, jedoch besser entwickelt war; den zarfatischen Stil; den aschkenasischen Stil – praktisch identisch mit dem zarfatischen – der sich im Laufe der Jahrhunderte stark veränderte; den karäischen Stil, mit einigen modifizierten Formen (karäisch-jewanisch) auf der Halbinsel der Krim.

Die Quadratschrift

Die Quadratschrift ist aus dem aramäischen Zweig der semitischen Schriften hervorgegangen. Das älteste Dokument aramäischer Quadratschrift stammt aus Ägypten. Hierbei handelt es sich um eine stilisierte Schrift, die auf 515 v. Chr. zurückgeht. Am Ende des vierten vorchristlichen Jh.s haben wir bereits eine aus dieser entstandene Form der klassischen Quadratschrift, die man eher judäisch als hebräisch nennen sollte, da sie von den Judäern, nicht von den Hebräern (den Israeliten des Nordreiches) entwickelt worden ist. Jedenfalls hatte etwa in der Mitte des 2. Jh.s v. Chr. die Quadratschrift einen beachtlichen Entwicklungsstand erreicht, und im 1. Jh. n. Chr. hat sie eine klassische Form, die wir bereits endgültig und vollständig nennen könnten. Ihre definitiv endgültige Form hat sie in jedem Fall mit dem 2. Jh. n. Chr. erreicht, wie die zahlreichen Dokumente, die in den Höhlen von Qumran gefunden wurden (Handschriften vom Toten Meer), bezeugen.

Die erste datierte Handschrift geht auf das Jahr 896 zurück. Seitdem hat die Quadratschrift keine nennenswerten Veränderungen erfahren. Hierzu ist anzumerken, dass die große Verbreitung der Juden in der klassischen Welt sowohl eine Verbreitung der in Coelesyrien entstandenen Schriftform sowie die Verwendung anderer Schriften und – vor allem, was die Kursivschrift betrifft – eine Vielzahl hebräischer Handschriften bewirkte. Andererseits begründete diese große Verbreitung der Juden in der Welt außerhalb des Heiligen Landes das Bild »eines Gottesvolkes, das sich vor den anderen verteidigen musste«, weshalb es seine Identität unverändert beibehielt, was sich folglich auch auf die Schrift auswirkte. Das als so genannte »hebräische Quadratschrift« bezeichnete Alphabet überrascht durch seine Kohärenz und Unveränderlichkeit über beinah zwanzig Jahrhunderte hinweg. Ein Detail der Entwicklung sind beispielweise die *litterae dilatabiles*: Hierbei handelt es sich um eine kleine, rein ästhetische Modifizierung, bei der die Buchstaben Alef, He, Lamed, Taw und Mem finalis im Bedarfsfall durch Verlängerung der horizontalen Striche in die Länge gezogen werden, um die Zeilen bis zum Ende auszufüllen – es gab schließlich keine Worttrennung.

So erhielt man zwar stilistische, jedoch niemals strukturelle Varianten. Im 7. Jh. zum Beispiel wurden die horizontalen Striche sehr dick, die vertikalen hingegen sehr dünn gezeichnet. Doch alles in allem wurde seit der ersten datieren Handschrift von 896 nichts Grundlegendes verändert. Wie dem auch sei, zumindest in den ersten Jahrhunderten wurde die hebräische Quadratschrift nicht für Korrespondenz, Handelsverträge oder Poesie ver-

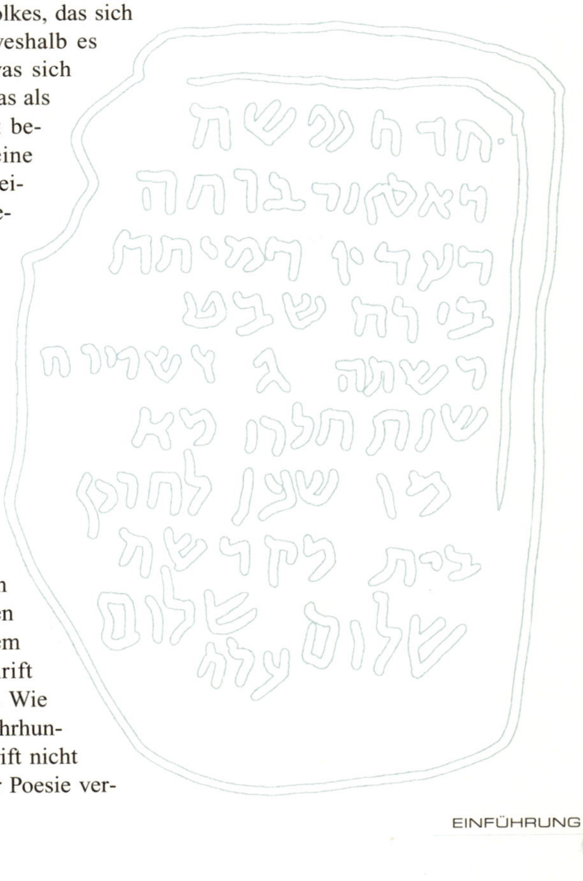

Grabinschrift von 416 n. Chr., vom Südwest-Ufer des Toten Meeres. Amman, Archäologisches Museum. Der Text lautet: »Dies ist das Grabmal von Ester, der Tochter des Adaio, verschieden im Monat Schewat des Jahres 3 der *schemita*, Jahr 346 nach der Zerstörung des Tempels. Friede, Friede sei mit ihr.«

wendet, sondern in erster Linie für die Heiligen Schriften, für liturgische und talmudische Schriften. Gleiches gilt für die auf Pergament geschriebenen Schriftverse in den *Tefillin* und der *Mesusa*: Die Tefillin sind Gebetsriemen, die Männer ab dem dreizehnten Lebensjahr – mit Ausnahme des Sabbats – beim Morgengebet tragen und die vier Pergamente enthalten. Mesusa (hebr. Türpfosten) wird eine Kapsel mit einer Pergamentrolle genannt, die am rechten Pfosten fast jeder Tür eines Hauses befestigt wird.
Dennoch kann man – mehr oder weniger parallel zu den verschiedenen Kursivschriften – verschiedene Typen der Quadratschrift unterscheiden, Schriftvarianten, die auf die geografische Lage oder zuweilen auf die Isolation von Gemeinschaften, die die geografische – aber auch politisch-territoriale – Lage mit sich brachte, zurückzuführen sind. Es gibt also verschiedene Grundtypen. Man darf außerdem nicht vergessen, dass auch die Quadratschrift für Einflüsse offen war. In gewissen Handschriften wurde die Quadratschrift der Kursive angenähert, wodurch eine Art Mischform entstand, ein neuer, leichter zu schreibender Stil: das Maschaitische. Nicht immer kann man ganz eindeutig zwischen maschaitischer und Quadratschrift unterscheiden, zur Unterscheidung muss man einige Buchstaben, insbesondere Alef, Sajin und Lamed, sehr genau lesen. Maschaitisch wurde vor allem für die gängigen Eheverträge (*Ketubbot*, Singular *Ketubba*), aber auch zur Abfassung der Tora verwendet.
Hier eine kurze Zusammenfassung der wichtigsten Stile der Quadratschrift:
Ägyptischer Stil. Außerhalb von Palästina finden sich die ältesten Beispiele hebräischer Quadratschrift in Ägypten. Hier haben sich außerdem die ältesten Dokumente auf Papyrus und Baumwolle erhalten, was auch den klimatischen Bedingungen der Region zu verdanken ist. Einige Dokumente von größter Bedeutung weisen eine formschöne, klassische Grafie auf: die älteste, datierbare ägyptische Bibel (5. Jh.), ein liturgisches Gedicht von Eleazar Kallir (8. Jh.), und Fragmente einer Handschrift des Buches *Genesis* (10. Jh.).
Babylonischer Stil. Nach einer frühen, gewandten und schnellen Form, wie sie in einer homiletischen Auslegung (Midrasch) des Buches *Levitikus* (8. Jh.) greifbar ist, nähert sich die Quadratschrift der nachfolgenden Jahrhunderte (*Ezechiel* von 916, in dem die horizontalen und vertikalen Striche gleich lang sind) formell der ägyptischen Quadratschrift an.

Zeichnung einer Münze aus der Zeit des zweiten Judenaufstandes (132-134 n. Chr.). Die Münze trägt die Aufschrift: »Jahr 2 der Befreiung Israels«, unten in Quadratbuchstaben wiedergegeben.

Persischer oder parsischer Stil, vorwiegend von persischen Juden benutzt, doch auch von emigrierten persischen Familien. Lebhafte, formale Schrift von sehr eigenwilligem Charakter, die einen eigenen Stil entwickelte, der sich mit der Zeit immer mehr von den Formen der anderen Länder abhob.
Temanischer Stil, der jemenitischen Juden. Die südlichste der Quadratschriften mit klaren, großzügigen Schriftzügen mit einer leichten Linksneigung ist seit dem 12. Jh. belegt (*Numeri* mit *Targum*, der Übertragung der Hebräischen Bibel ins Aramäische, die zwischen dem 1. und dem 2. Jh. n. Chr. vervollständigt wurde).
Maarawischer Stil, aus Marokko. Höchstwahrscheinlich eher ein Ableger des palästinischen Stils als des ägyptischen; von robustem, unelegantem Duktus, horizontale und vertikale Linien unterscheiden sich nicht in der Stärke.
Sefardischer Stil, der spanischen Juden, der sich schließlich auch in Südfrankreich verbreitet hat, in einer Form, die sich nach der Vertreibung von 1492 in der Diaspora formell vom spanischen Stil entfernt hat. Vermutlich aus Marokko importiert, unterscheidet er sich vom Maarawischen lediglich durch die größere Präzision und Eleganz. Die Beispiele hierfür sind zahlreich, vom ältesten (einer Grabinschrift des 6. Jh.s) über die des 9. bis 10. Jh.s, in denen die Schrift bereits freier wirkt, bis hin zu den formalen Harmonien einer Handschrift des Buches *Josua* (1207), die sich in den folgenden Jahrhunderten allerdings verloren, in der Türkei jedoch erhalten blieben. Neben dem italkianischen und dem aschkenasischen Stil ist der sefardische Stil in zahlreichen handgeschriebenen und gedruckten Büchern am besten erhalten.

Grab-Stele aus Oria (Süditalien). Text: »Hier ruht eine intelligente Frau, die alle Glaubensgebote treu befolgte, die im Augenblick des Todes das Antlitz Gottes, des Barmherzigen, erblickte. Anna war 56 Jahre alt, als sie ging.«

Jewanischer Stil, der griechischen Juden Kleinasiens und der Balkanhalbinsel. Der jewanische Stil kann auf die ältesten Dokumente zurückblicken, auch wenn er über die Jahrhunderte verhältnismäßig wenige Texte und Beispiele hervorgebracht hat. Aus der Gegend von Afyon (Türkei) stammt eine Grabinschrift des 2. Jh.s, und in griechischen Beispielen aus dem 10. Jh. weist er eine robuste, unelegante Form auf.
Italkianischer Stil, aus Italien. Dieser Stil ist vermutlich aus dem frühen Jewanischen hervorgegangen und seit 300 n. Chr. belegt (Epigraph aus den Katakomben von Monteverde). Die älteste datierbare Handschrift Europas ist die im Italkianischen abgefasste Bibel, die im Jahre 979 kalligrafiert wurde (Rom, Vatikanische Bibliothek, MS Urb. Ebr. 2, fol. 41a) und eine schöne, ästhetische Form aufweist, einen eleganten Duktus, der den horizontalen und vertikalen Außenlinien Rechnung trägt. Die Humanisten nahmen allerdings diesen Stil nicht als Vorbild für ihre Bleitypen, als man in Italien mit Einführung des Typendrucks begann, die ersten und schönsten hebräischen Bücher zu drucken.
Was den Buchdruck betrifft, sind an dieser Stelle einige Bemerkungen sinnvoll: Auf die Zeit zwischen 1460 und 1500 datiert man die Periode der Inkunabeln, zu denen neben einigen kleineren Ausgaben die *Vulgata* aus Mainz, 1454, und zehn römische Texte zählen. Das erste datierte hebräische Werk ist der Kommentar zum Pentateuch von Raschi von Troyes, der von Abraham ben Jizchak ben Garton in Reggio Calabria herausgegeben wurde (1475). Mit etwa zweihundert in verschiedenen Städten Italiens, in Saloniki und Kairo gedruckten Büchern (1483-1546) haben sich auf dem Gebiet des

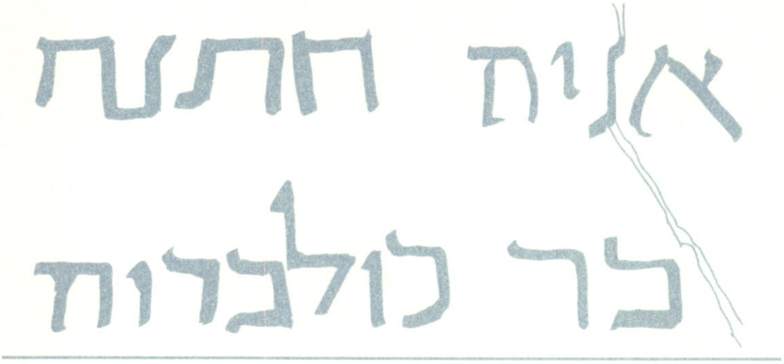

Epitaph in italkianischer Quadratschrift, aus der Katakombe von Monteverde in Rom.

Buchdrucks die Soncinos hervorgetan. 1484 druckte Jehoschua Schelomo den ersten *Traktat des Babylonischen Talmud*. 1504 wurde in Istanbul eine hebräische Buchdruckerei eröffnet, die erste in ganz Asien; und 1512 eine Druckerei in Prag, die erste im aschkenasischen Europa. Die erste und bedeutendste venezianische Buchdruckerei eröffnete der Jude Daniel Bomberg 1513 in der Lagunenstadt. So wurde eines der wichtigsten jüdischen Geschäftsfelder geboren, das den Buchstaben des Alphabets eine endgültige, solide, verbindliche und feste Form verlieh.

Zarfatischer Stil. Während sich in Südfrankreich der spanische Stil der Sefardim verbreitet hatte, behauptete sich in Nordfrankreich (von den Juden Zarefat genannt) ein autonomer, recht später Stil (die ersten Dokumente gehen auf das 12. Jh. zurück). Der zarfatische Stil steht unter dem Einfluss der lokalen Miniatur, die zahlreiche berühmte Künstler hervorgebracht hat, vor allem in der Zeit der Gotik und hier besonders der internationalen Gotik. Es handelt sich hierbei um einen eleganten Stil, der klar zwischen den breiten horizontalen und den feinen vertikalen Strichen unterscheidet. Er verbreitete sich auch in England, bis zur Judenvertreibung im Jahr 1290; endgültig verschwand er mit der Vertreibung der Juden aus Frankreich im Jahre 1394.

Hierzu eine kleine Anmerkung: Die hebräische Schrift eignet sich vermutlich nicht so wie beispielsweise die arabische für kalligrafische Entwicklungen. Lediglich in der Miniatur, vor allem der gotischen und humanistischen Schreibkunst, fand das hebräische Alphabet hohen künstlerischen Ausdruck. Die ältesten Handschriften in Miniatur stammen aus dem 10. und 11. Jh., die erste datierte ist der *Pentateuch* der ägyptischen Schule von 930 (St. Petersburg, Öffentliche Bibliothek, Sammlung Firkowitch 2, 17). Wir haben bebilderte und unbebilderte Handschriften aus orientalischer und okzidentaler Schule. Im Okzident herrscht das Bild vor, oft mit Groteskmalerei oder heilsgeschichtlichen Motiven von traditionell europäischem Typ, mit damastenem Hintergrund und Titeln in großen, schwungvoll ausgearbeiteten Lettern, eingerahmt und auf einem Hintergrund aus Blattvoluten und Rauten.

Ihre glanzvollste Blütezeit erreichte die Kunst der Miniatur, und damit auch die der Kalligrafie, um die Mitte des 15. Jh.s, insbesondere in Frankreich und Italien, wo sie sich bis weit über das 15. Jh. hinaus hielt. In dieser Zeit bildeten sich die sechs bedeutendsten Schulen hebräischer Miniatur heraus: die aschkenasische (Frankreich, Deutschland, England und Mitteleuropa), die italienische, die spanische (Spanien, Provence, Nordafrika), die byzantinische, die orientalische und schließlich die jemenitische Schule. Allesamt verloren sie jedoch mit der Verbreitung des Buchdrucks an Bedeutung und beschränkten sich in der Folgezeit beinahe ausschließlich – besonders im 18. Jh. – auf die Illustrierung der *Megillet Ester*, der *Haggada* und der *Ketubbot*.

Aschkenasischer Stil (von *Aschkenas*: hebräisches Wort für Deutschland). Aufgrund seiner relativ hohen Ähnlichkeit mit dem sefardischen Stil kann man darauf schließen, dass er von den im Jahre 1394 aus Nordfrankreich vertriebenen Juden importiert wurde. Die ersten Dokumente bestehen aus Grabinschriften des 11. Jh.s, mit bereits gut proportionierten Buchstaben, die erste datierte Handschrift ist eine Bibel von 1236 (Mailand, Biblioteca Ambrosiana). Auch in diesem Stil wurden Miniaturtexte und -bücher von formaler Eleganz geschaffen, z.B. eine Ausgabe des Talmudtraktats *Awot* von 1432. Um das 15. Jh. herum werden die Buchstaben ausladender, mit einer recht ausgeprägten Linksneigung, und mit ihrer klaren Form gänzlich ohne Rundungen weisen sie – vor allem in den Druckbuchstaben – eine entfernte Verwandtschaft mit der gotischen deutschen Schrift auf. Grundsätzlich zieht man, um eine möglichst feine und elegante Linienführung zu erreichen, dem Schreibrohr eine Gänsefeder vor.

Karäischer Stil. Dieser Stil ist mehr auf das Sektierertum einer speziellen Gemeinde zurückzuführen als auf eine geografische Lage. In engem Kontakt mit der islamischen Kultur entwickelten die Karäer – etwa ab 760 und durch ihren Anführer Anan ben David inspiriert – eine eigene Spiritualität, jedoch auch einen Fundamentalismus, der dazu führte, dass sie alles aus ihren Ritualen ausschlossen, was nicht in der Tora gesagt wurde, ein messianischer Judaismus, der in völligem Gegensatz zum rabbinischen Judentum steht. Diese abweichende Strömung fand in allen Ländern, in denen es jüdische Gemeinden gab, Zuspruch, jedoch zumeist mit stark zionistischer Tendenz. Eine vehemente Propaganda für die »Rückkehr ins Gelobte Land« verbindet sich bei den Karäern also mit einem intensiven Studium der heiligen Schriften, das Handschriften von elegantem und akkuratem Erscheinungsbild, zuweilen sogar in arabischen Buchstaben, mit sich brachte. Die Fundstücke sind nicht sehr zahlreich, doch lassen sich anhand formaler Aspekte ägyptische, palästinische, byzantinische, persische und spanische Schrifttypen unterscheiden.

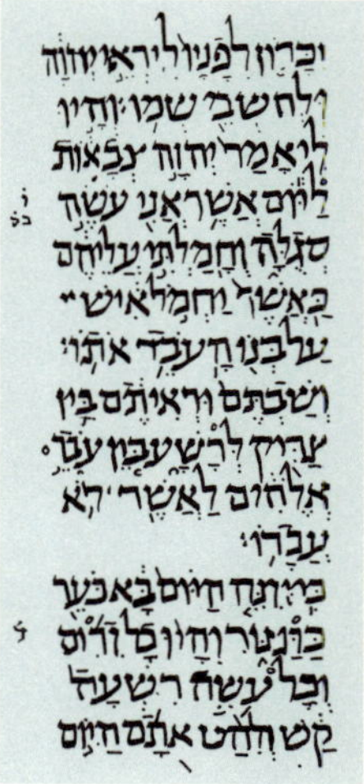

Frühestes, noch erhaltenes Beispiel der vollständig entwickelten hebräischen Quadratschrift, 896 n. Chr.

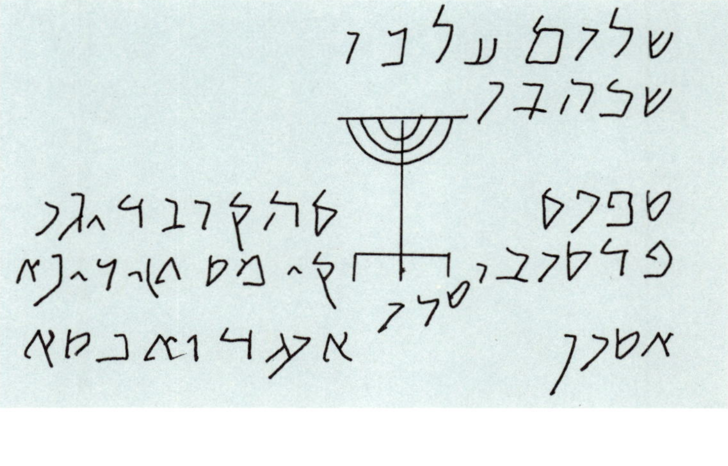

Jewanische Kursivschrift eines Epitaphs der Katakomben von Magna Graeca, Italien, 4. Jh.

’	א	Alef	אלף
b	בּ	Bet	בּית
w	ב	Wet	בית
g	ג	Gimel	גימל
gh	גּ	Ghem	גּימל
d	ד	Dalet	דלת
dh	דּ	Dhalet	דּלת
h	ה	He	הא, הי
w	ו	Waw	וו
s	ז	Sajin	זין
ch	ח	Chet	חיח
t	ט	Tet	טית
j	י	Jod	יוד
k	כּ	Kaf	כּף
ch	כ	Chaf	כף
l	ל	Lamed	למד
m	מ	Mem	מם
n	נ	Nun	נון
s	ס	Samech	סמך
‘	ע	Ajin	עין
p	פּ	Pe	פּה
f	פ	Fe	פה
z	צ	Zade	צדי
k	ק	Kof	קוף
r	ר	Resch	ריש
sch	ש	Schin	שין
t	תּ	Taw	תּו
th	ת	Thaw	תו

Die Buchstaben des Alphabets

EINLEITUNG

Um die Bedeutungen der hebräischen Buchstaben zu verstehen, muss man sich zunächst mit der jüdischen Mystik auseinandersetzen, die im Symbolismus der Kabbala ihren wesentlichen Ausdruck gefunden hat. Zwischen dem 6. und 9. Jh. entwickelt, sind die mystischen Theorien der Juden nicht von der Mystik der großen Sufi-Meister zu trennen, aus der sie zuweilen geschöpft haben. In der Tat kann man sie mit dem »Abjad-System« in Beziehung setzen, dem islamischen System der emblematischen Umschreibung Buchstabe-Zahl-Buchstabe.

Unter den elf mystisch-kabbalistischen Büchern der hebräischen Spekulation beziehen sich drei ganz besonders auf die einzelnen Buchstaben des Alphabets: das *Buch der Schöpfung* (*Sefer Jezira*, siehe Seite 27), das berühmte *Alphabet des Rabbi Akiba* (*Otijjot de-R' Akiba*) und das *Buch der Gestaltung* (*Sefer ha-Temuna*).

Das *Buch der Schöpfung*, vielleicht die Grundlage aller folgenden Spekulationen, wurde zwischen dem 6. und 7. Jh. in Palästina verfasst. Es verbindet mesopotamische und jüdisch-muslimische Esoterik und legt eine bereits vollständige und komplexe philosophische Theorie der »Wissenschaft von den Buchstaben« dar. In diesem Buch wird jeder Buchstabe nach phonetischen und grafischen Aspekten untersucht, wobei unter Anwendung der Methode des Akrostichons häufig Bezüge zu Bibelversen hergestellt werden. Nachdem es am Ende des 15. Jh.s ins Lateinische übersetzt worden war, interessierten sich auch Pico della Mirandola und Egidio da Viterbo dafür. 1552 wurde es in Paris in Druck gegeben.

Das *Alphabet des Rabbi Akiba*, das vermutlich zu Beginn des 9. Jh.s verfasst wurde, vereint einen reichen Schatz an esoterischen Legenden, Aphorismen und Spekulationen, die sich im Gefolge des *Buches der Schöpfung* im Nahen Osten verbreitet hatten. Jeder Buchstabe wird ausführlich in all seinen sinnbildlichen Bedeutungen untersucht. Der Text ist – in der charakteristischen Struktur des *Midrasch* – elliptisch geschrieben und reich an Zitaten und Argumenten. Es wurde 1516 in Istanbul gedruckt, war jedoch im Abendland über Jahrhunderte unbekannt.

Der *Sefer ha-Temuna* wurde zu Beginn des 13. Jh.s in Katalonien oder in der Provence geschrieben. Sein Autor wiederholt das Alphabet dreimal, immer wieder von vorn, in verwirrenden und schwer zu lesenden literarischen Stabreimen, die die Buchstaben mit »immer okkulteren apokalyptischeren« Bedeutungen und Symbolen belegen. Die 22 Grundbuchstaben des hebräischen Alphabets werden immer wieder neu miteinander kombiniert, bis sie schließlich die magische Zahl 49 ergeben. Die darauf folgende 50 symbolisiert die erhabene »Pforte«, durch die alles austritt und durch die alles wieder eingeht. Sieben kosmische Kreise skandieren die Drehung des Rades des Alphabets in einer zyklischen Wiederkehr, die konstant auf den gnostischen Bedeutungen der Zahl Sieben basiert. Somit stehen also die Bedeutungen der Buchstaben mit denen der Zahlen in einer ständigen, wechselseitigen Beziehung.

Im vorliegenden Buch werden für die kurzen Erläuterungen zu den esoterischen, symbolischen und magischen Bedeutungen der einzelnen Buchstaben sowie für den religiös-mystischen Einfluss, der den einzelnen Buchstaben des Alphabets im Laufe der Jahrhunderte zugeordnet worden ist, all diese Werke herangezogen.

Die tiefgründige Spekulation über die göttlichen Namen, über die Buchstaben und über die Numerologie, die wesentliche Spekulation der mystischen Esoterik, ist zwei religiösen Strömungen gemein, der der Kabbala und der des islamischen Sufismus. Schließlich haben Kabbala und Sufismus in der mesopotamischen und der hellenistischen Gnoseologie ihre gemeinsamen Vorläufer, und ganz ohne Zweifel standen sie im Augenblick ihrer Entstehung (vor allem auf Grundlage der Lehre vom »Gottesthron« und von den »Gottesnamen« sowie der Angelologie) in enger Verbindung und haben einander beeinflusst.

Als sich die Kabbala dann auch der mystischen Spekulation zuwandte – dem *Merkaba-Zweig* – wurde die Kenntnis des und die Nähe zum Sufismus für sie entscheidend, wie G. Scholem in seinem Artikel über die *Kabbala* in der *Encyclopaedia Judaica* des Staates Israel (Band 10, Sp. 489-653) zeigt, wo er zu Tendenzen im jüdischen Mystizismus, sich externen Einflüssen religiöser Bewegungen im nicht-jüdischen Umfeld zu öffnen, ausführt: »Da ihre Vertreter im talmudischen und midraschischen Material, das darauf abzielte, die Bindung zwischen Gott und den Menschen zu festigen, keine Antwort auf alle ihre Fragen fanden – auch wenn sie es so weit als möglich benutzten und auf dieses Material zuweilen auch weit hergeholte Interpretationen stützten –, so schöpften sie extensiv aus der Literatur der Sufis, der Mystiker des Islam, sowie aus der frommen asketischen Tradition des Christentums«. (Sp. 512).

Und wenig später heißt es: »Die ägyptische Ausrichtung der *chasidut* wandte sich ‚einem Mystizismus mit ethischer Orientierung' zu (S. D. Goitein), insbesondere in der literarischen Produktion von Abraham b. Mose b. Maimon (gestorben 1237). Der mystische Charakter seines Buches *Kifajat al-'Abidin* [...] basiert vollständig auf Sufi-Quellen und gibt keinerlei Hinweis auf eine ähnliche jüdische Tradition, die dem Autor bekannt wäre. Der Kreis der *Chassidim*, der um ihn wuchs, legte den Schwerpunkt seines Lehrens auf den esoterischen Aspekt (S. D. Goitein); und auch sein Sohn, R. Obadja, folgte diesem Weg [...]. Ein sehr viel späteres Werk ähnlicher Art wurde von F. Rosenthal behandelt [...]. Was von dieser Literatur erhalten ist, ist sämtlich auf Arabisch geschrieben, was möglicherweise erklärt, weshalb sie keinen Platz im Schrifttum der spanischen Kabbalisten gefunden hat; die meisten von ihnen beherrschten die Sprache nicht.« (Sp. 513).

Einer der bedeutendsten jüdischen Mystiker, Bachja ibn Pakuda (11. Jh.), schrieb auf Arabisch seinen *Kitab al-Hidaya ila fara'id al-qulub* (Das Buch der Anleitung zu den Herzenspflichten) dessen intensiver Spiritualismus sich mit dem der großen Sufi-Meister vereint. Doch bereits in gaonäischer (7.-11. Jh.), mischnaischer und talmudischer Zeit beschäftigten sich die Kabbalisten in Bagdad, und zwar im Kontakt mit dem Sufismus (vgl. die *Gedichte von Eleazar*), mit der Mystik; der *Sefer ha-Bahir* (Buch Bahir, 10. Jh.) lässt gnostische Kenntnisse erkennen, die vorwiegend auf persische Sekten und Mutaziliten zurückgehen. Die Großen der Kabbala, Isaak der Blinde (?-1235), Abraham Abulafia (1240-1292) und Luria Aschkenasi »Ari« (1534-1572), besuchten sufistische *Tekke* oder lasen die Texte der großen Sufi-Meister.

Diese konstante Beziehung zwischen mystischer Spekulation der Juden und der Sufis erklärt, weshalb es Parallelen in der Deutung jüdischer und arabischer Buchstaben gibt; trotz unterschiedlicher Wege, gibt es nur ein Ziel. In der Tat schärfte Jalal ad-Din Rumi, der große sufistische Mystiker (1207-1273), seinem Sohn ein: »Die Wege sind vielfältig, das Ziel ist einzig. Weißt du nicht, dass viele Wege nur zu einem Ziel führen? Das Ziel gehört weder zum Unglauben noch zum Glauben; darin liegt kein Widerspruch. Wenn die Menschen es erreichen, legen sich die Dispute und Streitereien, die auf dem Weg dorthin entstanden sind: und die, die zueinander sagten, ‚du bist ein Gottloser', vergessen alsbald den Streit, denn das Ziel ist einzig«.

Aus all diesen Gründen wird das hebräische Alphabet nicht nur als eine reine Abfolge von Zeichen zur Transkription von Wörtern und Sätzen betrachtet. Wenn man sich mit der esoterischen Tradition vertraut macht, entdeckt man, dass jedem Buchstaben ein Grundbegriff religiöser Erkenntnis selbst zugeordnet worden ist, und diese Erkenntnis gründet sich auf den Buchstaben als Sammelpunkten der göttlichen Macht. All das mag dem gewöhnlichen Leser dieses entzauberten Abendlandes, das immer weniger mit religiösen und mystischen Gedanken in Berührung kommt, absurd erscheinen, doch für die jüdische Tradition hat es absoluten Wert. Für sie sind die Buchstaben angefüllt mit einer transzendenten Energie, die die Menschheit mit dem Grund ihrer eschatologischen Bestimmung verbindet. Es handelt sich um eine Jahrtausende alte Kunst, der man sich »reinen Herzens und durch Ausübung spezieller Rituale« nähern muss, indem man mit den Buchstaben unzählige gleichartige Ketten bildet, in einer alchemistischen Verbindung, die sich vor allem auf der Form der Buchstaben gründet. Auf der unmittelbar ersten Ebene dienen diese zur *Gematria*, der Deutung durch ihren Zahlenwert. In der Tat fungieren die 22 Buchstaben des Alphabets auch als Zahlen, denn im Hebräischen sind keine Ziffern »erfunden« worden.

Dennoch ist die menschliche Buchstabenspekulation lediglich die Spiegelung der göttlichen Spekulation. Im *Sefer Chakmoni* (10. Jh.), einem der ältesten Kommentare zum *Sefer Jezira*, hat Schabbetai Donnolo geschrieben: »In den zweitausend Jahren, die der Erschaffung der Welt vorausgingen, vergnügte sich der Heilige – gebenedeit sei er! – mit der Lehre von den Buchstaben. Er fügte sie zusammen, ließ sie kreisen, vereinte sie in einem einzigen Satz, drehte sie alle zwanzig vor und zurück; setzte sie in ganzen, halben, Drittelsätzen zusammen. Er stellte die Sätze auf den Kopf, verband sie, trennte sie, veränderte sie in den Buchstaben wie auch in der vokalischen Punktation. Zählte ihre Zahl, um sie zu vervollständigen. Das war das Werk des Heiligen – gebenedeit sei er! –, als er beschloss, mit seinem Wort die Welt zu erschaffen, mit seinem großen und schrecklichen Namen«.

Die Bedeutung der Buchstaben des Alphabetes zu kennen heißt also, die göttliche Essenz der Erscheinungswelt zu kennen; und die Struktur der Erscheinungswelt findet ihre genaue Entsprechung in den Buchstaben des Alphabets, aus denen und dank derer sich letztlich jeder Gedanke und damit jedes menschliche Bewusstsein formt. Das Alphabet wird so zum Kontrollinstrument der Erscheinungswelt, und ein Mittel, um in sie einzugreifen; und die Gesamtheit des diesbezüglichen Wissens verleiht dem Judentum eine Vorreiterrolle in Bezug auf eine ununterbrochene esoterische Traditionalität, die ihren Ursprung in der Nacht der Zeiten hat.

ALEF

ALEF, URSPRÜNGLICHE BEDEUTUNG ALS WORT »STIER«.
Erster Buchstabe des Alphabets: '. Ein durch Stimmabsatz entstehender Knacklaut wie in Urahn (vgl. dagegen Uran). Entsprechend den diakritischen Zeichen, die unter ihn gesetzt werden, kann er mit allen Vokalen verbunden werden. Als Zahlzeichen entspricht er der Zahl Eins (*echad*).

א	David Modern	א	Sheeba	א	Universal Hadassah
א	Frankreuhl	א	Solomon	א	Universal Narkis
א	Hebkoren	א	Uni-Frankreuhl	א	Universal Rashi
א	Miria	א	Uni-Purim	א	Universal Stam
א	Miria back slanted	א	Universal Aaron	א	Universal Stam Letter
א	Sefer Torah	א	Universal David	א	Yafa

Alef ist in der Kabbala eine der drei »Mütter«, der Buchstaben Alef, Mem und Schin, die Luft, Wasser und Feuer symbolisieren. Steht Alef für die Zahl Eins, so ist es auch Symbol für Gott, den Einen und Einzigen, beginnen doch überdies viele Namen Gottes mit dem Buchstaben Alef (*Adon-Adonai, Adir, El, Elohim*).

Auch der Name Adams, des ersten Menschen (*adam*) beginnt mit einem Alef, wodurch sich das Wort erfüllt: »*eddamme le-Eljon*« (Ich werde Gott ähneln; Jes 14,14), und in entsprechender Verbindung steht Alef mit Abraham, dem ersten der Patriarchen, dem »Lehrer« schlechthin (*alluf*, das auf den gleichen Stamm zurückgeht wie Alef).

Grafisch kann man das Alef in zwei Jod teilen, die ihrerseits durch ein Waw geteilt werden. Jedes Jod zählt 10, das Waw 6, nach der Kabbala beträgt ihre Summe somit 26. Die gleiche Summe erhält man auch, wenn man die Zahlenwerte der vier Buchstaben, die JHWH ergeben, den »unaussprechlichen Namen Gottes«, das so genannte »Tetragramm« genannt, miteinander addiert.

Der *Sohar* berichtet, dass, als alles noch Chaos war, alle Buchstaben vor Gott traten und ihn darum baten, dass er mit ihnen die Welt erschaffe. Als Erster trat der letzte Buchstabe vor ihn, das Taw, dann der vorletzte, Schin, und so fort rückwärts der Reihe nach, bis zum zweiten Buchstaben, dem Bet, das zu ihm sagte: »Wenn ich benutzt werde, um die Welt zu erschaffen, werden alle menschlichen Wesen mich benutzen, um Gott zu preisen«. In der Tat beginnt das Wort *beracha*, Lobpreisung, mit einem Bet. Gott gewährte es ihm, und dann wandte er sich an das Alef, das völlig im Abseits geblieben war, und fragte es, warum es nicht vor ihn getreten sei. Das Alef antwortete: »In einer Welt, in der alles Dualität und Pluralität ist, ist kein Platz für eine Nummer Eins«. Worauf Gott sagte: »Fürchte dich nicht, ich bin der Eins, so wie auch du Eins bist. Ich will die Welt erschaffen, um meinen Geist hineinzubetten, durch die *Tora* und die *Mizwot*, in denen das Gebot ‚Ich bin dein Gott' (Anochi = ich) mit einem Alef beginnen wird«.

In der Welt symbolisiert Alef die höheren und niederen Wasser; im menschlichen Körper das Atmungssystem, das Zwerchfell, das Verdauungssystem und den *Liquor*.

Nach dem *Sefer ha-Temuna* bezeichnet »das Alef die erhabene Krone. Seine Form schließt drei Eigenschaften ein: Weisheit, Einsicht und Schönheit. Die *Sefira* der Schönheit selbst beruht in der Tat auf dem Symbol Alef. Der Name Alef lässt sich auf folgenden Ausspruch zurückführen: ‚Schweig still, damit ich dich Weisheit lehre [*waallefcha* = ich werde lehren]' [Ijob 33,33]. Man nennt das Alef Macht und Schönheit des Heiligen – gebenedeit sei er! –, und wegen ihm haben unsere Meister (gesegnet sei ihr Andenken!) behauptet, dass der Heilige – gebenedeit sei er! – die Gebetsriemen anlegt [...]. Es herrscht in der Stunde der Venus [...]. Seine Kraft trägt den Namen *Aktri'el Jah*, Herr der Scharen«.

Nach Fabre-d'Olivet (*La langue hebraïque restituée*, 1815) »steht das Alef als Symbol für den universalen Menschen, die gesamte menschliche Art, den Herrscher der Erde. In seiner hieroglyphischen Bedeutung charakterisiert es die Einheit, den Mittelpunkt, das abstrakte Prinzip eines Dings. Wird er als Zeichen benutzt, drückt er Macht, Stabilität, Kontinuität aus. Einige Grammatiker schreiben ihm auch die Fähigkeit zu, wie im Arabischen eine Art Superlativ ausdrücken zu können; doch das liegt daran, dass es ein machtvolles Zeichen ist. Zuweilen, in seltenen Fällen, ersetzt es den emphatischen Artikel *he*, sowohl zu Beginn als auch am Ende eines Wortes. Die Rabbiner benutzen das Alef als eine Art Artikel und ordnen ihm die Bedeutung unserer Präpositionen *nach, in, auf, an*, zu. Oft wird das Alef zu Beginn eines Wortes als redundanter Vokal beigefügt, um das Wort klangvoller zu machen«. All das gilt in der Tat für das Aramäische, nicht aber für das Hebräische!

BET

BET, URSPRÜNGLICHE BEDEUTUNG ALS WORT »HAUS« (*BAJIT*).
Zweiter Buchstabe des hebräischen Alphabets: b.
Als Zahlzeichen entspricht er der Zahl Zwei (*schettajim*).

David Modern	Sheeba	Universal Hadassah
Frankreuhl	Solomon	Universal Narkis
Hebkoren	Uni-Frankreuhl	Universal Rashi
Miria	Uni-Purim	Universal Stam
Miria back slanted	Universal Aaron	Universal Stam Letter
Sefer Torah	Universal David	Yafa

Das Bet ist einer der sieben Doppelbuchstaben (die eigentlich nur sechs an der Zahl sind, doch um die kabbalistische Symmetrie – zwölf einfache Buchstaben für die zwölf Monate des Jahres und sieben Doppelbuchstaben für die sieben Tage der Woche – zu wahren, hat man ihnen als siebten Buchstaben das Resch hinzugefügt). Es symbolisiert den Mond, das rechte Auge, die Dualität Weisheit/Wahnsinn und den Sonntag.

Bet ist ein Buchstabe von großer Bedeutung, denn mit ihm beginnt die Bibel (*bereschit*, im Anfang) und mit ihm hat Gott allen erschaffenen Dingen Leben eingehaucht. Da er ein Haus darstellt, versinnbildlicht er das metaphysische Haus aller menschlichen Wesen und zugleich die gesamte Schöpfung als Haus Gottes. Er ist gleichzeitig Symbol für den *bet ha-mikdasch*, das Gotteshaus oder den Tempel, für den *bet hakensset*, die Synagoge, und für den *bet ha-midrasch*, das Haus der Lehre. Da jedoch andererseits das Wort Kind mit Bet beginnt (*ben*; *bene Jisrael* = Kinder Israels), verbindet man es auch mit dem Patriarchen Isaak, da er der erste im Lande Kanaan und damit als Hebräer geborene Sohn war.

Auch andere heilige Bücher beginnen mit dem Buchstaben Bet, so zum Beispiel der Koran mit *Bismi Ilahi al-Rahimi*. Darin hat man die Einheit des Göttlichen gesehen, die sich dem Menschen offenbart, die Pluralität der Schöpfung, die absolut von dem schöpferischen Einen abhängt, wie nachfolgend auch in Bezug auf die Zahl erkannt werden kann, für die das Bet steht.

Eben weil Bet das Akronym von *bajit* (Haus, Zelt) ist, wurde es auch als entrückter, »intimer Ort« der Visionen des Mystikers betrachtet, »in der Welt, doch nicht von der Welt«.

Als Zahl Zwei steht das Bet für Dualität. Doch da es der Anfangsbuchstabe von *beracha* (Segen) ist, verbindet es auch, nämlich die irdischen und die göttlichen Dinge. Es symbolisiert somit die Dinge der irdischen Welt, da diese der Dualität unterstehen, zugleich das Göttliche, da die Dinge von der göttlichen Emanation abhängig sind.

Nach dem *Sefer ha-Temuna* »verweist seine Form auf zwei Symbole. Es besteht aus einem Dalet und einem Waw und steht für die zwei Wege der Weisheit, den höheren und den niederen. Bet ist das Haus (*bet*) der Schönheit, also das Gericht (*bet din*) des Heiligen – gebenedeit sei er! –, denn mit seinem Maß lässt Er die Niederträchtigen büßen und vergrößert die Belohnung der Gerechten, wie geschrieben steht: ‚Gerecht sollst du deinen Stammesgenossen richten' (Lev 19,15). Sein Attribut ist die Macht, und die dominiert in der Stunde des Mondes [...]. Der Name seiner Kraft ist Zidki'el. Diese ist die Weisheit, die aus der höchsten Weisheit kommt [...]. Das Bet stellt die beiden Wege der Weisheit dar: Es ist das lebendige Wesen, das die beiden Kräfte mit den vier Gesichtern und den sechs Flügeln verkörpert. Die Flügel sind unter den Gesichtern, da ihre Gesichter menschliche Gesichter sind [...]. So wird also durch diesen Buchstaben auf das gesamte Geheimnis des Gotteswagens, schrecklich und wunderbar zugleich, angespielt. In ihm sind verborgene Wege enthalten, die im sechsten Erlassjahr gewiesen werden«.

Der *Sefer ha-Bahir* fragt: »Warum ist [der Buchstabe] Bet von allen Seiten geschlossen und nur von vorn geöffnet? Das lehrt, dass er das Haus der Welt ist, und das bedeutet [der Ausspruch]: Gott ist der Ort der Welt, nicht aber ist die Welt sein Ort«.

Nach Fabre-d'Olivet »gehört dieser Buchstabe als Konsonant zu den Labiallauten. Er ist Sinnbild für den Mund des Menschen, sein Haus, seine Intimsphäre. Als grammatikalisches Zeichen ist er väterlich und männlich, Zeichen innerer und aktiver Handlung. Im Hebräischen ist er Integralartikel und Indikativartikel, der zwischen einem Nomen und einer Handlung ungefähr die gleiche Bewegung anzeigt wie der Extraktivartikel Mem, nur mit größerer Kraft und ohne jegliche Abstraktion noch Teilung der Teile«.

VET

ב

WET (DER BUCHSTABE BET OHNE PUNKT IN DER MITTE).
Zusätzlicher Buchstabe; Umschrift w, Aussprache: f bzw. v.

ב	David Modern	ב	Sheeba	ב	Universal Hadassah
ב	Frankreuhl	ב	Solomon	ב	Universal Narkis
ב	Hebkoren	ב	Uni-Frankreuhl	ב	Universal Rashi
ב	Miria	ב	Uni-Purim	ב	Universal Stam
ב	Miria back slanted	ב	Universal Aaron	ב	Universal Stam Letter
ב	Sefer Torah	ב	Universal David	ב	Yafa

Sefer Jesira

Aufgrund der Bedeutung seiner Auslegung des hebräische Alphabets, wird im Folgenden der Text des Sefer Jezira nach der Übersetzung von Lazarus Goldschmidt von 1894 wiedergegeben. Dieser ersten Textwiedergabe folgen fünf weitere auf den Seiten 31, 35, 57, 61, 73.

Erster Abschnitt

(1) In zweiunddreißig verborgenen Bahnen der Weisheit zeichnete Jah Jahwe Zebaot, der Gott Israels, der lebendige Gott und König der Welt, der allmächtige, barmherzige und gnädige Gott; hoch und erhaben ist er und ewig wohnend in der Höhe heilig ist sein Name, erhaben und heilig ist er; er schuf

seine Welt durch drei Zählprinzipien: Zahl, Zähler und Gezähltes. (2) Zehn Zahlen ohne etwas und zweiundzwanzig Grundbuchstaben; drei Mütter, sieben doppelte und drei [*sic! zwölf*] einfache. (3) Zehn Zahlen ohne etwas, entsprechend den zehn Fingern, fünf gegenüber fünf und ein einziges Bündniszeichen in der Mitte: das Wort an der Zunge und die Beschneidung am Phallus. (4) Zehn Zahlen ohne etwas, zehn und nicht neun, zehn und nicht elf; verstehe mit Weisheit und erkenne mit Einsicht, prüfe durch sie und erforsche von ihnen, wisse, rechne und zeichne; stelle die Sachen in ihre Klarheit und setze den Bildner auf seine Stätte; denn er ist der einzige Schöpfer und Bildner, und nicht gibt es einen außer ihm; seine Attribute sind zehn und haben keine Grenze. (5) Zehn Zahlen ohne etwas, ihr Maß ist zehn, sind aber grenzenlos; (es gibt) eine Dimension des Anfangs und Dimension des Endes, Dimension des Guten und Dimension des Bösen, Dimension der Höhe und Dimension der Tiefe, Dimension des Ostens und Dimension des Westens, Dimension des Nordens und Dimension des Südens; und ein einziger Herr, Gott der treue König, herrscht über sie alle, in seiner Heiligen-Wohnung bis in alle Ewigkeit.

(6) Zehn Zahlen ohne etwas, ihr Aussehen wie die Erscheinung des Blitzes, ihr Ziel ist endlos, sein Wort ist in ihnen in Hin- und Herlaufen und auf sein[*en*] Befehl eilen sie wie ein Sturmwind; und vor seinen Thron werfen sie sich nieder.

(7) Zehn Zahlen ohne etwas, ihr Ende ist in ihrem Anfang gesteckt und ebenso ihr Anfang in ihrem Ende, wie die Flamme an die Kohle gebunden ist. Wisse, rechne und zeichne, einzig ist der Herr und einzig ist der Bildner und hat keinen zweiten; vor eins was zählst du? (8) Zehn Zahlen ohne etwas, verschließe deinen Mund, dass er nicht rede und dein Herz, dass es nicht denke, und wenn dein Mund zu sprechen und dein Herz zu denken läuft, kehre wieder zur Stelle, denn deswegen heißt es: und die Tiere sind laufend hin und her, und um dieser Sache willen ist ein Bündnis geschlossen.

(9) Zehn Zahlen ohne etwas.

Eins, der Geist des lebendigen Gottes, bereitet ist sein Thron seit jeher gebenedeit und gepriesen sei sein Name, der da in alle Ewigkeiten lebt, ewig und immerdar; Stimme, Geist und Wort, dies ist der Geist des Heiligen, sein Anfang hat keinen Beginn und sein Ende hat keine Grenze. (10) Zwei, Geist aus Geist, er zeichnete und hieb darin zweiundzwanzig Grundbuchstaben; drei Mütter, sieben doppelte und zwölf einfache. (11) Drei, Wasser aus Geist (Luft) er zeichnete und hieb darin zweiundzwanzig Buchstaben aus Wüste, Leere, Schlamm und Lehm; er zeichnete sie nach Art eines Beets, er bemeißelte sie nach Art einer Mauer, er bedeckte sie nach Art eines Baues er goss über sie Schnee und es wurde daraus Erde, denn so heißt es: Er sagte zum Schnee: Werde Erde. (12) Vier, Feuer aus Wasser, und er zeichnete und schnitt daraus den Thron, die Serafim und Ofannim, die heiligen Tiere und die Dienstengel. (Und von ihnen dreien gründete er seinen Wohnsitz, denn so heißt es: Er macht seine Engel aus Geistern und seine Diener aus Feuerflammen). (13) Er wählte drei Buchstaben von den einfachen (ein Geheimnis der drei Mütter Alef Mem Schin) und setzte sie in seinen großen Namen und versiegelte mit ihnen sechs Enden.

Fünf, er versiegelte die Höhe, wandte sich aufwärts und versiegelte sie mit Jod He Waw.

(Fortsetzung auf Seite 31)

GIMEL

GIMEL, URSPRÜNGLICHE BEDEUTUNG ALS WORT »KAMEL«(*GAMAL*).
Dritter Buchstabe des hebräischen Alphabets: g.
Als Zahlzeichen entspricht er der Zahl Drei (*schalosch*).

ג	David Modern	ג	Sheeba	ג	Universal Hadassah
ג	Frankreuhl	ג	Solomon	ג	Universal Narkis
ג	Hebkoren	ג	Uni-Frankreuhl	ג	Universal Rashi
ג	Miria	ג	Uni-Purim	ג	Universal Stam
ג	Miria back slanted	ג	Universal Aaron	ג	Universal Stam Letter
ג	Sefer Torah	ג	Universal David	ג	Yafa

Das Gimel ist einer der sieben Doppelbuchstaben und symbolisiert den Mars, das rechte Ohr, die Dualität Reichtum/Armut und den Montag.
Die Wurzel *G-M-L, Gimel* gelesen, suggeriert die Dimension der Reise: die Reise durch die Wüste der Erscheinungswelt und die mystische Reise mit allen damit verbundenen Schwierigkeiten. Liest man sie *gomel* (der, der Gutes vollbringt), weckt sie die Vorstellung von Barmherzigkeit. Das Kamel (*gamal*) führt uns in das Reich der Tiere, und mit seiner Kraft und seiner Geduld (die es vor allem mit seiner Fähigkeit, über einen langen Zeitraum zu fasten, beweist) wird es zu einem Symbol für das Überwinden von Schwierigkeiten, worin der Mensch ihm nacheifern muss.
Grafisch gesehen kann man es als ein Waw mit einem Jod als eine Art Fuß betrachten, weshalb man es wiederum mit der Reise in Verbindung bringen kann, da es aussieht wie jemand, der in Bewegung ist, doch es ähnelt auch einer nach vorn gebeugten Figur, einem Wohltäter, der einem Armen zu Hilfe eilt. Mit dem Gimel assoziiert man Jakob, der einen großen Teil seines Lebens auf Wanderschaft war, und es symbolisiert Jakobs Hand, mit der er bei seiner Geburt die Ferse seines Zwillingsbruders Esau hielt (Gen 25,26). Darüber hinaus weist es auf die beständige Wanderung der Juden hin.
Für das *Buch Bahir* ähnelt das Gimel »einer Röhre: wie die Röhre von oben aufnimmt und von unten weiterleitet, so nimmt auch Gimel am Kopf [den Strom der Wohltaten] auf und leitet [sie] durch den Vorsprung weiter und daher [der Name und die Gestalt des] Gimel«.
In der Welt des Göttlichen symbolisiert das Gimel das sich Ausbreiten und Zusammenziehen des unendlichen Lichts im Schöpfungsprozess, und deshalb steht es für die ständigen Gaben Gottes an die gesamte Menschheit wie auch für die Gaben des barmherzigen Menschen, die dieser aus Liebe zu Gott austeilt. Und in der Tat steht geschrieben: »Alle Pfade des Herrn sind Huld und Treue denen, die seinen Bund und seine Gebote bewahren« (Ps 25,10). Als Zeichen für die Zahl Drei bedeutet es: Harmonie zwischen den drei Grundelementen der Schöpfung: Luft, Wasser, Feuer; die drei Patriarchen: Abraham (Güte), Isaak (Gerechtigkeit) und Jakob (Wahrheit); die drei Gruppen der Gesellschaft: Priester, Leviten, Volk; und vor allem die Dreiheit Gott, Israel und *Tora*. Damit wiederum sind die drei täglichen Gebete verbunden, die die drei Patriarchen eingeführt haben.
Im *Sefer Jezira* gehört das Gimel zu den sieben Doppelbuchstaben (Bet, Gimel, Dalet, Kaf, Pe, Resch, Taw). Mit ihm schuf Gott den Jupiter, den Montag und das linke Auge, und es symbolisiert die Dualität Reichtum/Armut.

Nach dem *Sefer ha-Temuna* ist Gimel »die fünfzigste Tür, die alte, um wie die Sonne Früchte reifen zu lassen. Es ist das höchste Heiligtum, geheiligt durch die gewaltige Macht, die jedes Ding heilig macht [...]. Aus der Kraft dieses Buchstabens und aus seiner Verbindung mit den anderen gehen verschiedene Kräfte hervor, zahlreiche Familien und viele Generationen, unzählige und ungeheuerliche: höhere Seelen, Lichter, zweiunddreißig Wege, die aus dem Glanz der Weisheit ausgeströmt sind, und nochmals zweiundzwanzig wunderbare Formen, die Gott, der Herr der Scharen, in die verborgenen Stufen und in die Einsicht eingemeißelt, in Marmor versiegelt hat«.
Für das *Alphabet des Rabbi Akiba* lehrt das Gimel, »dass der Heilige – gebenedeit sei er! – sprach: ‚*Gemalti Jachad Me-chasidim Le-dallim*', ich tue wohl zumal von den Liebeserweisungen den Armen«. Damit ist es Symbol der Güte des Heiligen.
Nach Fabre-d'Olivet »symbolisiert es die menschliche Kehle, jedes Rohr, jeden Kanal, jeden hohlen und tiefen Gegenstand. Als grammatikalisches Zeichen drückt es die organische Hülle aus und ist mit sämtlichen Vorstellungen von Körperorganen und ihrer Arbeit verbunden«.

GHEM

GHEM (DER BUCHSTABE GIMEL MIT PUNKT IN DER MITTE).
Zusätzlicher Buchstabe; Umschrift und Aussprache: gutturales, postvelares ch.

David Modern	Sheeba	Universal Hadassah
Frankreuhl	Solomon	Universal Narkis
Hebkoren	Uni-Frankreuhl	Universal Rashi
Miria	Uni-Purim	Universal Stam
Miria back slanted	Universal Aaron	Universal Stam Letter
Sefer Torah	Universal David	Yafa

(Fortsetzung von Seite 27)
Sechs, er versiegelte die Tiefe wandte sich nach unten und versiegelte sie mit Jod Waw He. Sieben, er versiegelte den Osten, wandte sich nach vorn und versiegelte ihn mit He Jod Waw. Acht, er versiegelte den Westen, wandte sich nach hinten und versiegelte ihn mit He Waw Jod. Neun, er versiegelte den Süden, wandte sich nach rechts und versiegelte ihn mit Waw Jod He. Zehn, er versiegelte den Norden, wandte sich nach links und versiegelte ihn mit Waw He Jod.

(14) Diese sind die zehn Zahlen ohne etwas: eins, der Geist des lebendigen Gottes; zwei, Geist aus Geist, drei, Wasser aus Luft; vier, Feuer aus Wasser. Höhe (oben), Tiefe, Osten, Westen, Norden und Süden.

(5) Wie verband, wog und versetzte er sie? Alef mit allen, und alle mit Alef; Bet mit allen und alle mit Bet; Gimel mit allen und alle mit Gimel; und sie alle wenden sich rückwärts. So ergibt es sich, dass sie durch 231 Pforten hinausgehen, und so findet es sich, dass die ganze Schöpfung, und die ganze Sprache aus einem Namen hervorgeht.

(6) Er schuf aus Leere Etwas und machte das Nichtsein zu einem Seienden; und er hieb große Säulen aus unabfassbarer Luft. Dies ist das Zeichen: er schaute, redete und machte die ganze Schöpfung und alle Dinge (durch) einen Namen; dessen Zeichen ist zweiundzwanzig Gegenstände in einem Körper.

Zweiter Abschnitt

(1) Zweiundzwanzig Grundbuchstaben: drei Mütter, sieben doppelte und zwölf einfache. Drei Mütter, Alef Mem Schin, ihr Grund: die Waagschale der Seligkeit und die Waagschale der Schuld, und die Zunge ist eine schwankende Satzung zwischen beiden. (Drei Mütter Alef Mem Schin, Mem ist schweigend, Schin zischend und Alef schwankend zwischen beiden.)

(2) Zweiundzwanzig Buchstaben; er zeichnete sie, er hieb sie, er läuterte sie, er wog sie und er wechselte sie einen jeden mit allen; er bildete durch sie die ganze Schöpfung und alles, was geschaffen werden sollte.

(3) Zweiundzwanzig Grundbuchstaben; (drei Mütter, sieben doppelte und zwölf einfache) sie sind gezeichnet in der Stimme, gehauen im Geiste und geheftet im Munde, an fünf Orten. Die Buchstaben Alef He Chet Ajin am Halse, Gimel Jod Kaf Kof am Gaumen, Dalet Tet Lamed Nun Taw an der Zunge, Sajin Samech Zade Resch Schin an den Zähnen, Bet Waw Mem Pe an den Lippen.

(4) Zweiundzwanzig Grundbuchstaben; sie sind in der Art einer Mauer im Kreis geheftet, an 231 Pforten; es dreht sich der Kreis vorwärts und rückwärts und dessen Zeichen ist dies: Nichts gibt es im Guten über Ajin Nun Gimel und nichts gibt es im Bösen über Nun Gimel Ajin.

Dritter Abschnitt

(1) Drei Mütter Alef Mem Schin, ihr Grund ist: eine Wagschale der Seligkeit und eine Wagschale der Schuld, und die Zunge ist eine schwankende Satzung zwischen ihnen.

(2) Drei Mütter Alef Mem Schin, dies ist ein großes, verborgenes und verhülltes (und prächtiges) Geheimnis, versiegelt mit sechs Siegelringen und aus diesen kamen Luft, Wasser und Feuer hervor. Von ihnen wurden Väter geboren und von den Vätern Generationen (wisse, rechne und zeichne, dass Feuer das Wasser trägt).

(3) Drei Mütter Alef Mem Schin; er zeichnete, hieb, läuterte (wog und versetzte) sie, und er schuf durch sie drei Mütter auf der Welt, drei Mütter im Jahre und drei Mütter im Körper, männlich und weiblich.

(4) Drei Mütter Alef Mem Schin; (Feuer, Luft und Wasser,) die Erzeugung des Himmels ist das Feuer, die Erzeugung der Luft ist der Wind und die Erzeugung der Erde ist das Wasser; das Feuer oben, das Wasser unten und die Luft ist eine schwankende Satzung zwischen beiden; (aus ihnen entstanden Väter und aus ihnen wurde alles geschaffen).

(5) Drei Mütter Alef Mem Schin auf der Welt: Luft, Wasser und Feuer; der Himmel wurde zu Beginn aus Feuer geschaffen, die Erde aus Wasser und die Luft aus dem Wind, die da schwankt zwischen beiden.

(Fortsetzung auf Seite 35)

DALET

DALET, URSPRÜNGLICHE BEDEUTUNG ALS WORT »TÜR«(*DELET*).
Vierter Buchstabe des hebräischen Alphabets: d.
Als Zahlzeichen entspricht er der Zahl Vier (*arba*).

ד	David Modern	ד	Sheeba	ד	Universal Hadassah
ד	Frankreuhl	ד	Solomon	ד	Universal Narkis
ד	Hebkoren	ד	Uni-Frankreuhl	ד	Universal Rashi
ד	Miria	ד	Uni-Purim	ד	Universal Stam
ד	Miria back slanted	ד	Universal Aaron	ד	Universal Stam Letter
ד	Sefer Torah	ד	Universal David	ד	Yafa

Das Dalet ist einer der sieben Doppelbuchstaben und symbolisiert die Sonne, das rechte Nasenloch, die Dualität Fruchtbarkeit/Unfruchtbarkeit und den Dienstag.
Er ist der erste und letzte Buchstabe im Namen David und wird daher mit diesem König in Verbindung gebracht. Er ist auch der Anfangsbuchstabe des Wortes *dira*, Wohnsitz, und symbolisiert somit den *Bet ha-mikdasch*: das Haus Gottes oder den Tempel von Jerusalem.
In seiner Bedeutung »Tür« weist er auf die Tür Gottes hin, an die der Gläubige klopft, »damit ihm aufgetan wird«, und auch auf die Tür des Wohlhabenden, an die der Arme (*dal*) klopft. Damit ist eine der wesentlichen Pflichten angesprochen, zu denen die Gebote (*mizwot*) den Gläubigen anhalten: die Barmherzigkeit. Und deshalb erklärt der Talmud, dass das Gimel (der Buchstabe, der dem Dalet vorausgeht), die Form eines Menschen mit einem vorgestellten Fuß hat, eben im Begriff, dem Dalet, das den armen Menschen darstellt, zur Hilfe zu eilen. Die vertikale Linie des Dalet steht für Selbstlosigkeit, und die horizontale Linie für das Eintauchen der Seele in die göttliche Quelle.
In der Erscheinungswelt stellt das Dalet die Tür dar, die sich auf dem Weg der Wahrheit öffnet, aber auch die Tür, die sich zur Freiheit öffnet, die der treue Diener jedoch nicht durchschreitet.
Als Zahl Vier stellt es alles dar, was sich auf die Tetrade bezieht: die vier Elemente der physischen Welt (Feuer, Luft, Wasser und Erde), die vier physikalischen Zustände (Schwerkraft, Elektromagnetismus, Kraft, Schwäche), die vier Jahreszeiten, die vier Welten (Azilut, Beria, Jezira, Asija).
Auf spiritueller Ebene steht das Dalet für die vier Matriarchinnen (Sara, Rebecca, Rahel und Lea), die vier Frauen von Jakob (Rahel, Lea, Bilha, Silpa) die vier Stufen der Erlösung, die vier Säulen des Thrones Gottes (Abraham, Isaak, Jakob, David), sowie für eine vollständige Familie, die aus Vater, Mutter, Sohn und Tochter besteht.

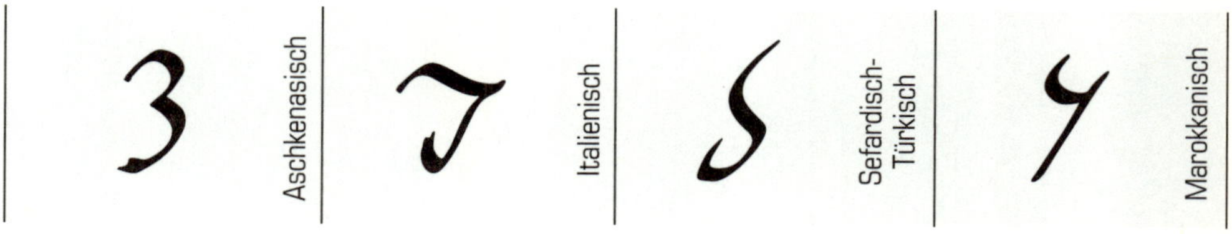

Auf der Ebene der Göttlichkeit stellt es das Tetragramm dar, die vier Buchstaben J-H-W-H, es ist der Titel der *Tora* (ebenfalls vier Buchstaben) und symbolisiert gleichzeitig auch ihre vier wesentlichen Deutungsebenen.
Für den *Sefer ha-Temuna* ist das Dalet »Gnade [...]. Es ist eine Kraft, die vom Licht Seiner Größe verborgen wird, obgleich es ‚Zeichen dessen, der in Leinen gehüllt ist,' genannt wird, und es ist die Kraft Merkurs: Wille, Frieden, Liebe und Freundschaft [...]. Aus ihm geht die Kraft Merkurs hervor. [...] Es ist ein sehr bedeutender Buchstabe. Seine Form ist nicht aus anderen Buchstaben zusammengesetzt, da er zu den sieben einfachen Säulen gehört. Er stellt den Beginn der Essenzen dar und verweist auf die Welt des Wassers, auf dessen Licht und dessen Geschöpfe«.
Das *Alphabet des Rabbi Akiba* fragt: »Warum wendet das Dalet sein Gesicht gegen das He? Weil jeder, der in dieser Welt arm ist, reich in der Welt, die da kommt, ist, wie z. B. die Israeliten, weil sie sich mit den Geboten beschäftigen. Wer aber in dieser Welt reich ist, ist in der Welt, die da kommt, arm, wie z. B. die Völker der Welt und die Frevler, welche sich nicht mit den Geboten beschäftigen. Sie sind aber in dieser Welt reich, weil der Heilige, – gebenedeit sei er! – ihnen ihren Lohn (schon) in dieser Welt gibt, wie es heißt (Dtn 7,10): ‚Und er vergilt denen, die ihn hassen.'«
Nach Fabre-d'Olivet »gehört dieser Buchstabe zu den dentalen Konsonanten. In seiner hieroglyphischen Bedeutung war er scheinbar das Sinnbild der universalen Vierzahl oder aber der Ursprung jedes physischen Seins. Als Symbol steht er für den Busen, oder für alles, was der Busen nährt, und was reichlich ist. Benutzt man ihn hingegen als grammatikalisches Zeichen, drückt er durch Teilung entstandene Fülle aus, er ist das Zeichen der teilbaren und geteilten Natur. Dieses Vorrecht genießt er im Chaldäischen, im Samaritanischen, im Syrischen, wo er als Teilungsartikel fungiert«.

DHALET

DHALET (DER BUCHSTABE DALET MIT PUNKT IN DER MITTE).
Zusätzlicher Buchstabe; Umschrift und Aussprache: emphatisches, dentales dh (wie engl. th).

ZEICHEN

David Modern	Sheeba	Universal Hadassah
Frankreuhl	Solomon	Universal Narkis
Hebkoren	Uni-Frankreuhl	Universal Rashi
Miria	Uni-Purim	Universal Stam
Miria back slanted	Universal Aaron	Universal Stam Letter
Sefer Torah	Universal David	Yafa

(Fortsetzung von Seite 31)
(6) Drei Mütter Alef Mem Schin im Jahre: Kälte, Wärme, und das Gemäßigte; die Wärme wurde aus dem Feuer geschaffen, Kälte aus dem Wasser und das Gemäßigte aus dem Wind, das da schwankt zwischen beiden.
(7) Drei Mütter [*Alef Mem Schin*] im Körper [(*männlich und weiblich*)]: Kopf, Bauch und Leib; der Kopf wurde aus dem Feuer geschaffen, der Bauch aus dem Wasser und der Leib aus der Luft, der da zwischen beiden schwankt. (8) Er ließ herrschen den Buchstaben Alef im Wind, band ihm eine Krone um und verschmelzte sie miteinander; er schuf durch sie die Luft auf der Welt, das Gemäßigte im Jahr und den Leib im Körper (männlich durch Alef Mem Schin, und weiblich durch Alef Schin Mem).

(9) Er ließ herrschen den Buchstaben Mem im Wasser, band ihm eine Krone um und verschmelzte sie miteinander; er schuf durch sie die Erde auf der Welt, die Kälte im Jahre und den Bauch im Körper (männlich durch Mem Alef Schin, und weiblich durch Mem Schin Alef). (10) Er ließ herrschen den Buchstaben Schin im Feuer, band ihm eine Krone um, und verschmelzte sie miteinander; er schuf durch sie den Himmel auf der Welt, die Wärme im Jahre und den Kopf im Körper (männlich durch Schin Alef Mem, und weiblich durch Schin Mem Alef).

Vierter Abschnitt
(1) Sieben Doppelte: Bet Gimel Dalet Kaf Pe Resch Taw; ihr Grund ist: Leben, Friede, Weisheit, Reichtum, Gnade, Same und Herrschaft. (2) Sieben Doppelte: Bet Gimel Dalet Kaf Pe Resch Taw; sie erscheinen in zwei Arten: Bet Wet, Gimel Ghem, Dalet Dhalet Kaf Chaf, Pe Fe, Resch Rhesch Taw Thaw; nach Gestalt des Weichen und Harten, des Starken und Schwachen. (3) Sieben Doppelte: Bet Gimel Dalet Kaf Pe Resch Taw, je nach Aussprache und Vertauschung; der Gegensatz des Lebens ist der Tod, der Gegensatz des Friedens ist das Unheil, der Gegensatz der Weisheit ist die Torheit, der Gegensatz des Reichtums ist die Armut, der Gegensatz der Anmut ist die Hässlichkeit, der Gegensatz des Samens ist die Verwüstung, der Gegensatz der Herrschaft ist die Knechtschaft. (4) Sieben Doppelte: Bet Gimel Dalet Kaf Pe Resch Taw (entsprechend den sieben Enden nach diesen sechs Enden:) Oben, Unten, Osten, Westen, Norden und Süden, und der Palast des Heiligtums in der Mitte; er trägt sie alle. (5) Sieben Doppelte Bet Gimel Dalet Kaf Pe Resch Taw; sieben und nicht sechs, sieben und nicht acht; prüfe und forsche sie und stelle die Sache auf ihre Klarheit, und setze den Schöpfer auf seine Stätte.
(6) Sieben Doppelte Bet Gimel Dalet Kaf Pe Resch Taw; er zeichnete, hieb, läuterte, wog und vertauschte sie; er schuf durch sie sieben Sterne in der Welt, sieben Tage im Jahr und sieben Pforten im Körper (und durch sie zeichnete er sieben Himmel, sieben Erden und sieben Wochen. Deshalb liebte er die Siebenzahl unter dem ganzen Himmel).
(7) Diese sind die sieben Sterne in der Welt: Saturn, Jupiter, Mars, Sonne, Venus, Merkur, Mond; diese sind die sieben Tage im Jahr: die sieben Tage der Woche; sieben Pforten im Körper (männlich und weiblich): zwei Augen, zwei Ohren, zwei Nasenlöcher und der Mund.
(8) Er ließ herrschen den Buchstaben Bet in der Weisheit, band ihm eine Krone um und verschmelzte sie miteinander; er schuf durch sie: den Saturn in der Welt, den Sonntag im Jahr und das rechte Auge im Körper (männlich und weiblich).
(9) Er ließ herrschen den Buchstaben Gimel im Reichtum, band ihm eine Krone um und verschmelzte sie miteinander; er schuf durch sie: den Jupiter in der Welt, den Montag im Jahr und das linke Auge im Körper (männlich und weiblich).
(10) Er ließ herrschen den Buchstaben Dalet im Samen, band ihm eine Krone um und verschmelzte sie miteinander; er schuf durch sie: den Mars in der Welt, den Dienstag im Jahr und das rechte Ohr im Körper (männlich und weiblich). (11) Er ließ herrschen den Buchstaben Kaf im Leben, band ihm eine Krone um und verschmelzte sie miteinander; er schuf durch sie: die Sonne in der Welt, den Mittwoch im Jahr und das linke Nasenloch [*sic! Ohr*] im Körper (männlich und weiblich).
(Fortsetzung auf Seite 57)

HE

HE, URSPRÜNGLICHE BEDEUTUNG ALS WORT UNBEKANNT.
Fünfter Buchstabe des hebräischen Alphabets: h.
Als Zahlzeichen entspricht er der Zahl Fünf (*chamesch*).

ה	David Modern	ה	Sheeba	ה	Universal Hadassah
ה	Frankreuhl	ה	Solomon	ה	Universal Narkis
ה	Hebkoren	ה	Uni-Frankreuhl	ה	Universal Rashi
ה	Miria	ה	Uni-Purim	ה	Universal Stam
ה	Miria back slanted	ה	Universal Aaron	ה	Universal Stam Letter
ה	Sefer Torah	ה	Universal David	ה	Yafa

Das He ist einer der zwölf einfachen Buchstaben und symbolisiert den Stamm Juda, die Sefira *Keter* und die *kehuna*, den Glauben, das rechte Bein, das Wort, das Sternbild Widder, den Monat *Nissan* (den Monat der Erlösung, den siebten Monat im hebräischen Kalender, der dem Zeitraum März-April entspricht; einen wichtigen Monat, weil in ihm *Pessach* gefeiert wird, das jüdische Osterfest).
Er hat eine trinitarische Form, die sich aus einer horizontalen Linie, einer vertikalen auf der rechten Seite und einem losgelösten »Fuß« auf der linken Seite zusammensetzt. Er symbolisiert also drei Dimensionen der physischen Realität (die drei Dimensionen); in der Welt des Geistes: den Gedanken (horizontale Linie), die Sprache

(vertikale Linie rechts) und die Handlung (vertikale Linie links); in der Welt des Göttlichen: den Geist (horizontale Linie), das transzendente Licht (rechte vertikale Linie) und das immanente Licht (linke vertikale Linie). Als Zeichen für die Zahl Fünf symbolisiert er – unter anderem – die fünf Ursprünge der Sprache, die Finger einer Hand, die fünf sichtbaren Planeten im Sonnensystem und die fünf Formen der menschlichen Eitelkeit.
Auch dieser Buchstabe ist für die Kabbala angefüllt mit Bedeutungen, sei es, weil er zweimal im Tetragramm erscheint, sei es, weil er der Buchstabe des »Wortes« ist, der Kommunikation, und Gott hat die Welt durch sein Wort erschaffen. Somit ist er also eng mit dem Gebet und dem Segen verbunden, und mit den unaussprechlichen esoterisch-mystischen Bedeutungen der mantrischen Schwingung. Er ist auch der Anfangsbuchstabe von Hawakuk (dem Propheten Habakuk). Hier wie in anderen Fällen hat die sophistische Spekulation verschiedene, mit Wort- und Zahlenspielen verbundene symbolische Bedeutungen erhoben.
Nach dem *Sefer ha-Temuna* »steht dieser Buchstabe für die materielle Welt, für die höheren Seelen, die in der materiellen Welt von dieser besudelt sind. Er verweist auf die Stärke (*Gewura*) [...]. Das Zeichen besteht aus zwei Tränken [dem Trank des Lebens und dem Trank des Todes], die auf eine geschlossene Einkerbung zurückgehen, jener ähnlich, die auf die Hand Mose anspielt. Aus der Kraft des He kommt die Kraft des Mondes. Das Licht, das bei abnehmendem Mond bleibt, dient dem Körper, das verborgene dient der höheren Seele«.
Im *Alphabet des Rabbi Akiba* schneidet die esoterische Spekulation auch die Aussprache des Buchstaben an: »Und wodurch unterscheidet sich dasselbe von allen (anderen) Buchstaben, mit welchen die Tora den Israeliten gegeben wurde, so dass nichts Wesentliches an ihm ist? Weil der Mensch alle Buchstaben, wenn er sie aus seinem Munde hervorgehen lässt, mit seinen Lippen und mit seiner Zunge spürt und einen Tropfen Speichel aus seinem Munde hervorgehen lässt; aber das He nimmt keine Unreinheit an, weil der Mensch, wenn er es aus seinem Munde hervorgehen lässt, es nicht mit seinen Lippen und nicht mit seiner Zunge spürt und bei ihm kein Tropfen Speichel aus seinem Munde hervorgehen lässt. Alle Buchstaben, sie alle nehmen Unreinheit an, aber das He nimmt keine Unreinheit an, weil alle unaussprechlichen Namen mit He geschrieben sind und mit He Himmel und Erde und diese Welt und die Welt, die da kommt, und die Tage des Messias gesiegelt sind.«
Nach Fabre-d'Olivet »ist dieser Buchstabe Symbol für das universale Leben. Er steht für den menschlichen Atem, die Luft, den Geist, die Seele, für alles, was beseelt und belebt ist. Als grammatikalisches Zeichen drückt er das Leben und die abstrakte Vorstellung des Seins aus. Im Hebräischen wird er häufig als Artikel verwendet, vor allem in der Doppelfunktion als bestimmter und emphatischer Artikel«.
Nach Rabbi Elijahu Chodabasch Karmeli schließlich »ist er ein äußerst wichtiger Buchstabe, denn mit ihm wurde der höchste göttliche Ausspruch besiegelt: ‚Ich bin der ich bin' (Ex 3,14)«.

WAW

ו

WAW, URSPRÜNGLICHE BEDEUTUNG ALS WORT »HAKEN«, »NAGEL«.
Sechster Buchstabe des hebräischen Alphabets: w, o, u.
Als Zahlzeichen entspricht er der Zahl Sechs (*schesch*).

ו	David Modern	ו	Sheeba	ו	Universal Hadassah
ו	Frankreuhl	ו	Solomon	ו	Universal Narkis
ו	Hebkoren	ו	Uni-Frankreuhl	ו	Universal Rashi
ו	Miria	ו	Uni-Purim	ו	Universal Stam
ו	Miria back slanted	ו	Universal Aaron	ו	Universal Stam Letter
ו	Sefer Torah	ו	Universal David	ו	Yafa

Das Waw ist einer der zwölf einfachen Buchstaben und symbolisiert den Stamm von Issachar, die Sefira *Bina*, die Freude, die rechte Niere, Nachdenklichkeit, das Sternbild Stier, den Monat *Ijar* (auch *Siw*, Blütenmonat, genannt; *Ijar* ist der achte Monat im jüdischen Kalender und entspricht dem Zeitraum April-Mai).

Eine vertikale Linie – bestehend aus einem Jod, dessen Strich nach unten verlängert ist – spielt auf die Verbindung zwischen Himmel und Erde an; gleichzeitig ist das Waw ein Symbol für den Menschen, der mit beiden Beinen auf der Erde steht und dessen Kopf in den Himmel ragt. Somit steht es auch für die Wirbelsäule.

Zudem symbolisiert das Waw das jüdische Volk, das – vor allem in den Seelen – vereint bleibt, und zugleich die Säule der Wahrheit, durch die das Göttliche in die Schöpfung eindringt. Ebenso stellt es die Achse der Symmetrie dar, die die Welt in eine rechte und eine linke Welt teilt, die einander spiegeln und vollkommen gleich sind, obwohl die rechte die Welt des Guten und die linke die Welt des Bösen ist.

Als Zahl Sechs ist es verknüpft mit den sechs Tagen der Schöpfung und den entsprechenden sechs göttlichen Kräften, die in der Schöpfung wirken. Sechs an der Zahl sind darüber hinaus die Alef des ersten Verses der Tora, sechs die Richtungen der physischen Welt (Süden, Osten, Norden und Westen, Nadir und Zenit), und sechs sind schließlich die Buchstaben des ersten Wortes der Bibel: *Bereschit* (»Im Anfang«).

In der Welt der menschlichen Seele stellt es die sechs Wahrheiten dar, die Jakob empfangen hat, die sechs Gebote der *Mischna* (Sammlung von Lehrsätzen der mündlichen Tora), die sechs »Flügel« des Magen David (des sechszackigen Sterns, der aus einem Dreieck besteht, dessen Spitze nach unten zeigt, Symbol des Lebens, und einem darüber gelagerten, kopfstehenden Dreieck mit nach oben gerichteter Spitze, Symbol des Todes), und die sechs »Ellen messenden« Steintafeln, die Moses auf dem Berg Sinai in Empfang genommen hat.

Dieser Buchstabe ist mit dem Monat Ijar verbunden, und damit mit dem Stier, der diesen Monat symbolisiert. Folglich steht er auch mit der Landarbeit in Verbindung, die als die beste Arbeit betrachtet wird, um die Früchte Gottes zu genießen, und zugleich Seine Worte zu studieren, Ihn mit Gebeten und Ritualen zu verehren, und schließlich, um durch das Studium der Astronomie Seine Größe zu betrachten.

Nach dem *Alphabet des Rabbi Akiba* sind dieser Buchstabe und das darauf folgende Sajin »die Siegel des Heiligen – gebenedeit sei er! –, mit welchen alle unaussprechlichen Namen am Throne der Herrlichkeit gesiegelt worden sind, wie es heißt (Ex 3,15): ‚Das ist mein Name für ewig, und das ist mein Angedenken von Geschlecht zu Geschlecht.'«

Für den *Sefer ha-Temuna* »ist er das Siegel Jakobs in der Form dessen, aus dem Sonne und Mond hervorgehen, zum zweiten die Monate des Jahres und ihre Sabbate [...]. Dieser Buchstabe bezeichnet die Form ohne Abbild; in der Tat ist er von einfacher Form, im Einklang mit seinem Erlassjahr, und er stellt die Basis der sieben einfachen, nicht zusammengesetzten Säulen dar. Er ist die Einsicht, die sich sieben einfache Säulen geschaffen hat, die in vielen Myriaden von Welten strahlen, und er ist die Kraft von Heerscharen und Armeen. Dies ist die einzige Säule, aus der die wunderbaren Formen gegen die zwölf schiefen Grenzen hervorgingen«. So sind im Buchstaben Waw die Hinweise auf die zwölf Säulen der Schöpfung, die zwölf Linien eines Würfels, die zwölf Stämme Israels enthalten.

Nach Fabre-d'Olivet »hat dieser Buchstabe zwei voneinander klar abgegrenzte Vokalbedeutungen und eine dritte als Konsonant. Neben den verschiedenen Bedeutungen ist er die Verbindung zwischen allen Dingen, der Konjunktiv [...]. Ein Zeichen, möchte ich abschließend bemerken, mit dem kein Wort der hebräischen Sprachen beginnt, weshalb es keinerlei Wortstamm liefert«.

SAJIN

SAJIN, URSPRÜNGLICHE BEDEUTUNG ALS WORT »WAFFE«.
Siebter Buchstabe des hebräischen Alphabets: stimmhafter s-Laut wie in dt. »blasen«.
Als Zahlzeichen entspricht er der Zahl Sieben (*schewa*).

ז	David Modern	ז	Sheeba	ז	Universal Hadassah
ז	Frankreuhl	ז	Solomon	ז	Universal Narkis
ז	Hebkoren	ז	Uni-Frankreuhl	ז	Universal Rashi
ז	Miria	ז	Uni-Purim	ז	Universal Stam
ז	Miria back slanted	ז	Universal Aaron	ז	Universal Stam Letter
ז	Sefer Torah	ז	Universal David	ז	Yafa

Sajin ist einer der zwölf einfachen Buchstaben und symbolisiert den Stamm Sebulon, die Sefira *Hod*, die Schlichtheit, das linke Bein, das Gehen, das Sternbild Zwilling, den Monat *Siwan* (den neunten Monat des jüdischen Kalenders, der dem Zeitraum Mai-Juni entspricht; im Siwan wird das *Schawuot*-Fest gefeiert).
Es besteht aus einem Waw, dessen horizontaler Strich sich wie eine Krone nach links und rechts streckt. Es stellt sowohl einen Dolch oder ein Schwert als auch ein Zepter dar. Als Waffe deutet das Waw auf Konflikte hin, die der irdischen Welt innewohnen, auf den Schutz der Arbeit, auf den Kampf gegen sich selbst, um die göttliche Gnade zu erlangen. Als Zepter symbolisiert es die Herrschaft Gottes über die Erscheinungswelt, doch als von einem horizontalen Strich »gekrönter« vertikaler Strich bedeutet es, »dass eine wertvolle Frau die Krone ihres Mannes ist«, und ist somit das Sinnbild für Sara. Es erinnert an die Erwählung des jüdischen Volkes, der »Krone« der Schöpfung. Als Zahl Sieben symbolisiert es den siebten Tag, das Ruhen am Sabbat und damit die Einkehr in sich selbst durch das Meditieren über das Göttliche, nach sechs Tagen der Arbeit außerhalb des eigenen Ich; im übertragenen Sinn steht es für die sieben Tage der Schöpfung, die sieben Wochen des Omer-Zählens, die sieben aufeinanderfolgenden Monate, in die die »drei Feste« fallen, das Sabbatjahr, das Jubeljahr (7 x 7 Jahre), die sieben Früchte Israels, die sieben Meere, die sieben Himmel, die sieben Säle des Paradieses. Auf spiritueller Ebene stellt er die sieben Lichter der *Menora*, des siebenarmigen Leuchters dar, die sieben Kategorien der Seele, die sieben Kultdiener in Israel: Abraham, Isaak, Jakob, Moses, Aaron, Josef und David.

Auf göttlicher Ebene stellt dieser Buchstabe die sieben Augen Gottes dar, die die Schöpfung betrachten, die sieben niederen Sefirot, die Offenbarung der göttlichen Vorsehung, die »sieben Wolken der Herrlichkeit« und die sieben Wege zur Erlösung. Er ist das Symbol für den Stamm von Sebulon (den sechsten Sohn von Jakob und Lea), der aus Seefahrern und Händlern besteht; hier ist der Gedanke der »Heimkehr nach den Geschäftsreisen« verankert, und damit auch der Heimkehr in sich selbst nach sechs Tagen Arbeit; doch auch die sehr schwierige Suche nach einer »geeigneten Arbeit«. Als Symbol für den Monat Siwan erinnert er daran, dass Gott in diesem Monat auf dem Berg Sinai zu Moses sprach.
Im *Sefer ha-Temuna* lesen wir: »Sein Bild ist das des Stabes, den Gott in seiner Hand hält. Am oberen Ende des Stabes ist in der Tat der Griff für die Hand, wie es geschrieben steht: *Strecke die Hand mit Seinem Stab aus!* Aus dem Sajin entspringen die Kraft des Kreislaufes der Sonne, ihre Bahnen, ihre Wege, wie es geschrieben steht: *Es dröhnte im himmlischen Kreis das Getöse des Donners*. Das ist das Getöse der Sonnenkreislaufes.« (Ex 8,13 und Ps 77,19)
Weiter liest man dort: »Aus der Kraft dieses Buchstabens gehen die Kräfte fürchterlicher, starker, auserwählter, unverdorbener, aus reinen Wassern bestehender Mächte hervor [...]. Die Kraft des Buchstabens dient dazu, jede Unreinheit und alles, was die Unreinheit mit sich bringt oder hervorbringt, zu vertreiben; er verscheucht fremde, von außen kommende Kräfte, die Abscheu erwecken, denn er ist ein Bild, der aus dem Buchstaben Tet hervorgeht, der den Sabbat repräsentiert, und er ist der Sabbat der Sabbate«.
Nach Fabre-d'Olivet »gehört dieser Buchstabe, als Konsonant, zu den Zischlauten, und als lautmalerisches Mittel steht er für alle Zischlaute, für alle Gegenstände, die die Luft durchschneiden und sich darin spiegeln. Als Symbol wird er vom Speer, vom Wurfspieß, vom Pfeil dargestellt, von allem, was auf ein Ziel zusteuert. Als grammatikalisches Zeichen ist er ein Demonstrativ, ein abstraktes Bild des Bandes, das die Dinge vereint. Im Hebräischen wird er nicht als Artikel benutzt, doch er genießt diesen Vorzug im Äthiopischen, wo er als Demonstrativartikel fungiert«.

CHET

CHET, URSPRÜNGLICHE BEDEUTUNG ALS WORT »HECKE«, »ZAUN«.
Achter Buchstabe des hebräischen Alphabets: gutturales ch.
Als Zahlzeichen entspricht er der Zahl Acht (*schemone*).

ח	David Modern	ח	Sheeba	ח	Universal Hadassah
ח	Frankreuhl	ח	Solomon	ח	Universal Narkis
ח	Hebkoren	ח	Uni-Frankreuhl	ח	Universal Rashi
ח	Miria	ח	Uni-Purim	ח	Universal Stam
ח	Miria back slanted	ח	Universal Aaron	ח	Universal Stam Letter
ח	Sefer Torah	ח	Universal David	ח	Yafa

Das Chet ist einer der zwölf einfachen Buchstaben und symbolisiert den Stamm Ruben, die Sefira *Gewura*, die Furcht, den rechten Arm, das Sehvermögen, das Sternbild Krebs, den Monat Tammus (den zehnten Monat des jüdischen Kalenders, der dem Zeitraum Juni-Juli entspricht).
Er besteht aus einem Waw auf der rechten Seite, einem Sajin auf der linken, und aus einem Steg, der die beiden miteinander verbindet. Er ähnelt also einem »Tor«, dessen Symbolik an die Macht, in Energieebenen vorzudringen und sie wieder zu verlassen, erinnert, und an die Macht, in die Geheimnisse der Seele einzudringen und wieder in den Alltag zurückzukehren. Seine verschiedenen, doch miteinander verbundenen Teile len in einer einzigen Form, wie es am Anfang war. Hierher rührt das Geheimnis der im Norden dargebrachten Opfer, deren Blut im Norden aufgefangen wurde, da dies der Ort ist, vom dem die Wandlungen ausgehen. Hierher kommt auch das zugefügte He, Ursprung der fünf Methoden, die die rituelle Schlachtung verderben können, und denen die fünf Begriffe: Barmherzigkeit, Demut, Opfer, Gebet, Bekenntnis, entgegengesetzt werden«.
Im *Alphabet des Rabbi Akiba* steht: »Lies nicht Chet, sondern *chete*, Sünde, weil die Sünde den Frevlern Israels zur Gerechtigkeit angerechnet wird in der Stunde, wo sie das Angesicht des Gehinnom sehen und das Gericht des Gehinnom auf sich nehmen.«

stellen den Vater, die Mutter und den höchsten Gott dar, ebenso wie sie die Transzendenz Gottes, seine Immanenz und seinen Bund mit dem Volk Israels darstellen. Der Buchstabe Chet ist das Tor, durch das man zur Unendlichkeit gelangt, aber er ist auch das Symbol des Zeichens Krebs, das vom Mond regiert wird, der wiederum für die innere Welt und die emotionale Beziehung zur Mutter steht, und in der Tat ist er der Anfangsbuchstabe von *chajim* (Leben) und Chawwa (Eva, der Mutter der gesamten Menschheit).
Als Zahl Acht erinnert er an die acht Ecken eines Würfels und damit an die Dreidimensionalität, und an den achten Tag nach der Geburt, den Tag, an dem Isaak beschnitten wurde (Gen 21,4) und gemäß dem Gebot von Gen 17,10 alle jüdischen Jungen beschnitten werden.
In der Tat sagt der *Sefer ha-Temuna*: »Chet ist die achte Kraft. In ihr ist die zehnte Form enthalten: sie ist die zehnte, oben und unten, denn der, *der in Leinen gehüllt ist*, hat sie genommen [...]. Die beiden Kräfte des Zeichens [das Dalet und das Waw, die das Chet bilden] stehen zwischen Osten und Süden [...]. Die Form dieses Buchstabens weist auf schreckliche Dinge hin, auf höhere Mächte, durch die endgültige Vereinigung der Lichter und der höher stehenden See-

Nach Fabre-d'Olivet »kann dieser Buchstabe sowohl als Vokal als auch als Konsonant betrachtet werden. Als Vokal ist er Symbol der elementaren Existenz und stellt das Prinzip des Lebensgeistes dar; als Konsonant gehört er in die Kategorie der Kehllaute und stellt das Umfeld des Menschen dar, seine Arbeit, all das, was ihm Anstrengungen, Sorgfalt, Mühen abverlangt. Als grammatikalisches Zeichen schließlich steht er zwischen He (dem Leben in der absoluten Existenz) und Kaf (dem Leben in der relativen und assimilierten Existenz). So stellt er eine Art Gleichgewicht und Ausgewogenheit dar und ist mit dem Gedanken der Anstrengung, der Arbeit, den normalen und legislativen Prozessen verbunden«.
Für die Kabbala der heutigen Zeit symbolisiert dieser Buchstabe die Psychoanalyse. Den Grund dafür sieht man in den Begriffen *chajim* (Leben), *choli* (Krankheit), *chol* (unheilig) und *cheta* (Sünde). Diese Umdeutung ist in der Tat auf die Entfernung von den göttlichen Geboten und den positiven Lehren der Mutter (der in einem Midrasch beschriebene Streit zwischen Mond und Sonne) und auf den Ausspruch von Rabbi Nachman von Bratislava zurückzuführen: »Ein Mittel gegen Übel sind Freude, Gesang und Tanz« (Tanz, Vergebung und Krankheit haben im Hebräischen den gleichen Wortstamm).

TET

TET, URSPRÜNGLICHE BEDEUTUNG ALS WORT »HAND«, »SCHLANGE«, »WÜRFEL« ODER »BALLEN«.
Neunter Buchstabe des hebräischen Alphabets: emphatisches t.
Als Zahlzeichen entspricht er der Zahl Neun (*tescha*).

ט	David Modern	ט	Sheeba	ט	Universal Hadassah
ט	Frankreuhl	ט	Solomon	ט	Universal Narkis
ט	Hebkoren	ט	Uni-Frankreuhl	ט	Universal Rashi
ט	Miria	ט	Uni-Purim	ט	Universal Stam
ט	Miria back slanted	ט	Universal Aaron	ט	Universal Stam Letter
ט	Sefer Torah	ט	Universal David	ט	Yafa

Das Tet ist einer der zwölf einfachen Buchstaben und symbolisiert den Stamm Simeon, die Sefira *Malchut*, die Demut, die linke Niere, den Menschen, das Sternbild Löwe, den Monat Aw (oder Menachem-Aw, den elften Monat des jüdischen Kalenders, der dem Zeitraum Juli-August entspricht).

Das Tet hat die Form einer Vase und ist daher mit der Vorstellung von »Inhalt«, »Behältnis« verbunden, mit der Sefira *Jesod*, und schließlich mit der Vorstellung von Frieden. Damit symbolisiert es die wahre, in der Materie verborgene Form (die Seele ist wie Wasser in einer Vase).

Folglich stellt der Buchstabe die im Körper verborgene Seele sowie den Frieden zwischen den Elementen der Schöpfung und den Frieden zwischen den Seelen Israels dar. Auf der göttlichen Ebene stellt er das ewige Leben dar, das Gott jeder Seele versprochen hat.

Da er der Anfangsbuchstabe des Wortes *tow* (gut) ist, ist er mit der Vorstellung des Guten verbunden. In der Tat taucht er in der Tora erstmals in Gen 1,4 als Anfangsbuchstabe dieses Wortes auf: *Gott sah, dass es gut (tow) war.* Doch er kann auch die Schlange des irdischen Gartens darstellen, und somit jeden niederen irdischen Instinkt.

Als Zahl Neun steht er für die neun Monate der Schwangerschaft, die neun Sefirot, die ihren Segen in die zehnte Sefira *Malchut* ergießen, die neun Segensbitten des *Mussaf* an *Rosch ha-Schana*, die neun Töne des Horns (Schofar). Mit der Zahl Neun sind viele sinnbildliche Bedeutungen verbunden, und das nicht nur in der jüdischen Kultur. Das Tet als Neun ist auch Zeichen der Trauer: Zweimal wurde an einem 9. Aw, nämlich im Jahre 587 v. Chr. sowie im Jahre 70 n. Chr., der Tempel von Jerusalem zerstört, an einem 9. Aw (135 n. Chr.) wurde auch der Bar-Kochba-Aufstand niedergeschlagen und außerdem ereignete sich wiederum an einem 9. Aw (im Jahre 1492 n. Chr.) die tragische und blutige Vertreibung der Juden aus Spanien. Das *Alphabet des Rabbi Akiba* setzt den Buchstaben Tet mit dem Begriff *tit* (Ton, Lehm) in Korrelation, und darauf gründet es eine lange Abhandlung über den Wert des Staubes, aus dem wir bestehen, und über die Macht Gottes, der »die Mächtigen wie Ton zertreten wird, wie ein Töpfer, der den Ton zusammenpresst« (Jes 41,25).

Für den *Sefer ha-Temuna* »ist der Buchstabe Tet das Symbol des Fundamentes, der Sabbat; er ist das innere Symbol, das man nicht findet. Die Wohnung seines Zeichens ist ein kleines Waw, das auf Josef, den Lieblingssohn Jakobs, hindeutet. Und in der Tat entspricht sein Attribut den Begriffen ‚alles' und ‚Sabbat'. Er reinigt erlesenes Silber sieben Mal [...]. Er ist nach Norden gewandt [...]. Er ist aufgebrochen, wie unsere Meister festgestellt haben [...]. Seinen Namen hat er von dem Spruch *wetetetiha bematate haschmed* (‚Mit meinem vernichtenden Besen fege ich es hinweg', Jes 14,23).« Dann findet sich zu diesem Buchstaben in demselben Traktat eine lange Abhandlung über die »Kraft, die die höheren Seelen, die von ihren Mühsalen zurückkehren, aus seiner Form ziehen; er vernichtet die Niederträchtigen und verlängert die Zeit ihrer Seelenwanderung. Dennoch gibt er letzten Endes allen Ruhe, selbst den sieben Erlassjahren und jener einen [der Schechina], die in seiner Gestalt erscheint. Diese besteht in der Tat aus einem Kaf und einem Sajin, so dass sich das Diadem endlich mit den sieben Sabbaten verbindet und alles zur Sefira der Einsicht zurückkehrt, so wie es am Anfang war, und ihre Form sich verändert«. Der lange Passus geht dann auf das Geheimnis der Sonne im Buchstaben Tet ein, schließlich auf die sechshundert Welten, die dieses Geheimnis einschließt.

Nach Fabre-d'Olivet »gehört dieser Buchstabe, als Konsonant, zu den Dentallauten. Als Symbol stellt er die Zuflucht des Menschen dar, das Dach, das sich erhebt, um ihn zu schützen, seinen Schild. Als grammatikalisches Zeichen ist er Widerstand und Schutz. Er dient als Bindeglied zwischen Dalet und Chet, deren Eigenschaften er teilt, wenn auch auf niedrigerem Niveau.«

YOD

JOD, URSPRÜNGLICHE BEDEUTUNG ALS WORT »HAND« ODER »PROFIL« (*JAD*).
Zehnter Buchstabe des hebräischen Alphabets: j (oder i).
Als Zahlzeichen entspricht er der Zahl Zehn (*eser*).

י	David Modern	י	Sheeba	י	Universal Hadassah
י	Frankreuhl	י	Solomon	י	Universal Narkis
י	Hebkoren	י	Uni-Frankreuhl	י	Universal Rashi
י	Miria	י	Uni-Purim	י	Universal Stam
י	Miria back slanted	י	Universal Aaron	י	Universal Stam Letter
י	Sefer Torah	י	Universal David	י	Yafa

Das Jod ist einer der zwölf einfachen Buchstaben, er symbolisiert den Stamm Gad, die Sefira *Tiferet*, die Barmherzigkeit, den linken Arm, die Handlung, das Sternbild Jungfrau, den Monat Elul (den zwölften Monat des jüdischen Kalenders, der dem Zeitraum August-September entspricht und der Reue und Buße gewidmet ist, die den Feiertagen *Rosch ha-Schana* und *Jom Kippur* vorausgehen).

Als erster Buchstabe des Tetragramms ist er von höchster Wichtigkeit, aber er ist auch der kleinste Buchstabe des Alphabets (nur ein Strich im oberen Teil der Zeile). Von hier stammt das berühmte Sprichwort: »Der versteht kein Jota«. Beim Schreiben beginnt mit ihm jeder andere Buchstabe. Da er der kleinste Buchstabe des hebräischen Alphabets ist, wird er außerdem mit dem Punkt verglichen, aus dem Zeit und Raum hervorgegangen sind. Deshalb ist in ihm das Geheimnis des Weltalls enthalten.

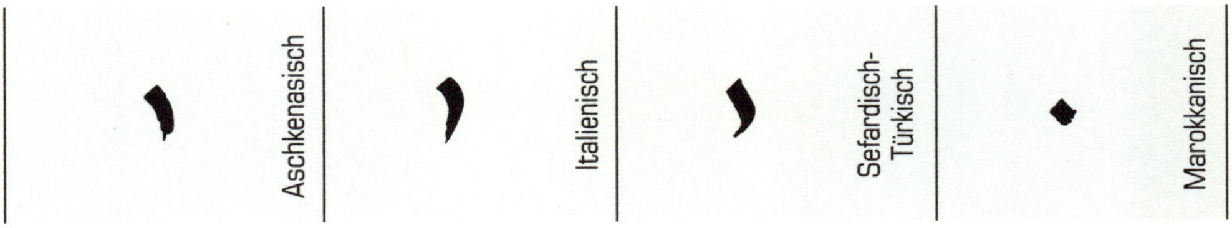

Dieser Aspekt lässt eine Verbindung zwischen Jod und dem Volk Israel zu, von dem es in Dtn 7,7 heißt: »Nicht weil ihr zahlreicher als die anderen Völker wäret, hat euch der Herr ins Herz geschlossen und ausgewählt; ihr seid das kleinste unter allen Völkern«. Außerdem beginnt der Name Israel mit diesem Buchstaben, und deshalb zeugt er vom Volk Israel und ist der Beginn der jüdischen Seele. Er symbolisiert auch die salomonische Weisheit, die aus der Weisheit Gottes hervorgeht. Doch mit diesem Buchstaben beginnt auch das Wort *jofi* (Schönheit), dessen Zahlenwert 100 ist, die Quadratzahl von 10, der Zahl, für die der Buchstabe Jod steht. Somit müsste die Schönheit tief mit dem Volk Israel verbunden sein. Die Kabbalisten merken an, dass »Israel« den Zahlenwert 541 hat, die Summe der Zahlenwerte von *jofi* (Schönheit) und *emet* (Wahrheit).

Als Zahl Zehn ist das Jod mit verschiedenen Zehnerreihen verknüpft: den zehn Emanationen der göttlichen Stimme; den zehn Worten Gottes bei der Schöpfung; den zehn Generationen von Adam bis Noach und den zehn von Noach bis Abraham; den zehn reinen Tieren; vor allem aber den zehn Geboten; und mit der gesamten, nicht gerade kurzen Liste von Zehnern der Bibel, der Göttlichkeit, der Erscheinungswelt, der jüdischen Feste und der Sefirot.

Das *Alphabet des Rabbi Akiba* begreift das Jod als *Jad*, Hand. »Das lehrt, dass der Heilige - gebenedeit sei er! – eine Hand und einen guten Namen den Gerechten für die Welt, die da kommt, in Jerusalem und im Heiligtum geben wird, wie es heißt (Jes 56,5): ‚Ich werde ihnen in meinem Haus und in meinen Mauern eine Hand geben und einen guten Namen.'« Das Buch lässt sich lange über die Bedeutungen dieses Namens und des göttlichen Wohnsitzes aus, der mit dem Namen verbunden ist, und schließt mit den Worten: »Und Lichtglanz ringsum, d. i. ringsum für jeden Gerechten in der Welt, die da kommt, und die Schechina mit ihnen in der Herrlichkeit an jedem Orte«.

Für den *Sefer ha-Temuna* »spielt dieser Buchstabe auf den heiligen Bund an, das Siegel im Zeichen des heiligen Bundes, ‚dem Gerechtigkeit folgt auf Schritt und Tritt' [Jes 41,2] ... Aus diesem Buchstaben entspringt die Kraft, die die zehnte Sefira und alle höheren zehnten brauchen. Die zehnte Sefira bildet in der Tat den Thron für das Reich JHWHs. Gleiches gilt für die Sphären, die Engel, die zehn Lobgesänge, die in den Psalmen enthalten sind, und für die zehn Lieder, die in den vierundzwanzig Büchern der Schrift enthalten sind«.

Nach Fabre-d'Olivet »ist dieser Buchstabe das Symbol jeder manifesten Macht. Er stellt die menschliche Hand dar, den Zeigefinger. Als grammatikalisches Zeichen ist er die mögliche Äußerung der intellektuellen Dauer und der Ewigkeit. Er ist ein Buchstabe, der in seiner vokalischen Natur bemerkenswert ist, und verliert den größten Teil seiner Eigenschaften, wenn er ein Konsonant wird, ein Zustand, in dem er lediglich eine materielle Dauer, eine Brechung darstellt, eine Art Band, wie das Sajin, oder eine Art Bewegung, wie das Schin«.

KAF

KAF, URSPRÜNGLICHE BEDEUTUNG ALS WORT »HANDFLÄCHE«, »HANDBREIT« ODER AUCH »HAKEN«.
Elfter Buchstabe des hebräischen Alphabets: k.
Als Zahlzeichen entspricht er der Zahl Zwanzig (*esrim*).

ZEICHEN

כּ	David Modern	כּ	Sheeba	כּ	Universal Hadassah
כּ	Frankreuhl	כּ	Solomon	כּ	Universal Narkis
כּ	Hebkoren	כּ	Uni-Frankreuhl	כּ	Universal Rashi
כּ	Miria	כּ	Uni-Purim	כּ	Universal Stam
כּ	Miria back slanted	כּ	Universal Aaron	כּ	Universal Stam Letter
כּ	Sefer Torah	כּ	Universal David	כּ	Yafa

Das Kaf ist einer der sieben Doppelbuchstaben und symbolisiert die Venus, das linke Auge, die Dualität Leben/Tod und den Mittwoch.

In seiner Form (drei miteinander verbundene Linien mit abgerundeten Ecken) symbolisiert er die Krone auf dem Kopf eines Königs, der sich verbeugt. Er stellt somit die drei Werte der Krone dar: Glaube, Ekstase, Wille (oder Verlangen, Wille, Entschlossenheit), weshalb das Kaf die Erwartung, der Empfang und die Investitur der Majestät ist, die dem Mann Gottes zustehen; daher die Anspielung auf die Macht, die Kräfte der Natur zu besänftigen, auf die menschliche Macht, sie zu beherrschen und zu lenken, auf die Kraft, die niedrigen Instinkte zu unterdrücken und die eigene Materialität zu besiegen.

Das Kaf stellt das gesamte Universum dar, das die Erde umgibt, und damit die Wolken, die Gottes Macht verbergen.

Als Zahl Zwanzig wird es mit den zwanzig Münzen identifiziert, für die Josef verkauft wurde, den zwanzig Ellen, die eine *Sukka* höchstens hoch sein darf, der Volljährigkeit (zwanzig Jahre) mit all ihren Verpflichtungen, und den zwanzig Sefirot der beiden Konsolen der Krone.

Er symbolisiert vor allem die Kraft (der Begriff *koach*, Kraft, beginnt mit einem Kaf). Zwei große Quellen der Kraft sind die Liebe (die Liebe Jakobs zu Rahel) und die Erleuchtung (aus der Moses seine Kraft zog). Ein Beispiel für die pure, von Gott verliehene Kraft hingegen ist Samson. Die Erleuchtung ist ihrerseits Quelle und Ergebnis spiritueller Elevation, und in der Tat ist sie der Glaube, »der Berge versetzt«.

Der Buchstabe steht auch der Gesundheit und den Leberfunktionen vor (ein Begriff, der mit diesem Buchstaben beginnt, ist *kawed*, Leber, dessen numerischer Wert wie der des Tetragramms 26 beträgt).

Laut *Alphabet des Rabbi Akiba* bedeutet Kaf »die Hand des Schwures«, und es ist in Verbindung mit der erhobenen Hand Gottes zu betrachten: »Das lehrt, dass in der Zukunft Jesaia vor dem Heiligen – gebenedeit sei er! – bei dem Mahle der Gerechten in Gan Eden, in der Stunde, wo er vor ihnen tanzt, sprechen wird: ‚Herr der Welt! erhoben sei deine Hand, die Frefler sollen nicht kommen und das Gute der Gerechten sehen.' Der Heilige – gebenedeit sei er! – antwortet und spricht: ‚Jesaia, mein Sohn! sie sollen kommen und ihre Freude und ihr Gutes sehen und mit Schande und Scham bekleidet (bedeckt) werden.'«

Im *Sefer ha-Temuna* »ist Kaf Symbol des Reiches; es verweist jedoch auch auf den irdischen Tempel, da dieser das Behältnis der Schechina ist. Seine Form ist offen, und alle heiligen Dinge strömen auf es zu. Dieses Zeichen bittet den Buchstaben Lamed, der für die Einsicht steht, um Gnade und Barmherzigkeit. Der Name des Kaf stammt von dem Ausdruck: ‚Eine goldene Schale [*kaf*] von zehn Schekeln' (Num 7,14). Wie die Handfläche (*kaf*) des Menschen, so dient auch das Kaf als Behälter. Es wird ‚kleine Rahel' genannt, in Anlehnung an das kleine Licht und auf den Tempel mit all seinen Kultgegenständen. Es dominiert in der Stunde des Mondes [...]. Es ist eine Kraft, die aus allen höheren und auch aus allen niederen Welten empfängt, und von allen ist es die Tür [...]. Das Kaf ist ein Werkzeug für alles, was empfängt, im Namen des Weiblichen: Es ist die Kraft des Mondes und all dessen, was von dort kommt. Es beherbergt den Bund und die Strenge, damit im Himmel und auf Erden streng gerichtet wird, nach den Anforderungen des Erlassjahres«.

Nach Fabre-d'Olivet »gehört dieser Buchstabe als Konsonant zu den Kehllauten. Als Symbol steht er im Allgemeinen für jeden Hohlkörper, und im Besonderen für die halbgeöffnete menschliche Hand. Als grammatikalisches Zeichen ist er assimilierend, ein Zeichen des meditativen und transitorischen Lebens: eine Art Gussform, die gleichgültig alle Formen in sich aufnimmt und überträgt [...]. Die Bewegung, die es zwischen Nomen und Handlung ausdrückt, ist die der Ähnlichkeit und Analogie«.

KAF finalis

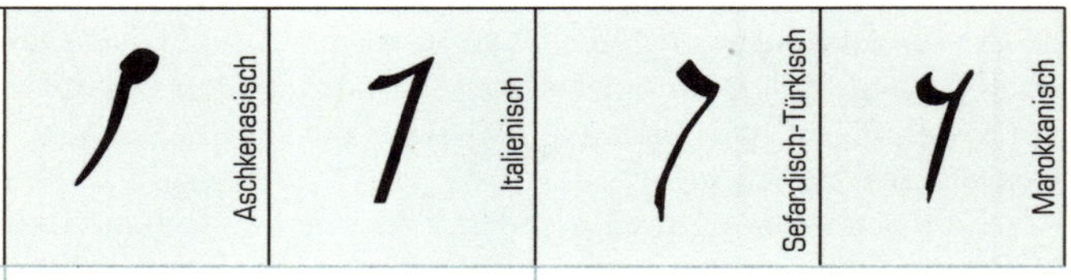

David Modern	Sheeba	Universal Hadassah
Frankreuhl	Solomon	Universal Narkis
Hebkoren	Uni-Frankreuhl	Universal Rashi
Miria	Uni-Purim	Universal Stam
Miria back slanted	Universal Aaron	Universal Stam Letter
Sefer Torah	Universal David	Yafa

CHAF

Chaf (der Buchstabe Kaf ohne Punkt in der Mitte). Zusätzlicher Buchstabe; Umschrift und Aussprache: gutturales, postvelares ch.	Aschkenasisch	Italienisch	Sefardisch-Türkisch	Marokkanisch

כ	David Modern	כ	Sheeba	כ	Universal Hadassah
כ	Frankreuhl	כ	Solomon	כ	Universal Narkis
כ	Hebkoren	כ	Uni-Frankreuhl	כ	Universal Rashi
כ	Miria	כ	Uni-Purim	כ	Universal Stam
כ	Miria back slanted	כ	Universal Aaron	כ	Universal Stam Letter
כ	Sefer Torah	כ	Universal David	כ	Yafa

LAMED

LAMED, URSPRÜNGLICHE BEDEUTUNG ALS WORT MÖGLICHERWEISE »STACHEL«.
Zwölfter Buchstabe des hebräischen Alphabets: l.
Als Zahlzeichen entspricht er der Zahl Dreißig (*scheloschim*).

ל	David Modern	ל	Sheeba	ל	Universal Hadassah
ל	Frankreuhl	ל	Solomon	ל	Universal Narkis
ל	Hebkoren	ל	Uni-Frankreuhl	ל	Universal Rashi
ל	Miria	ל	Uni-Purim	ל	Universal Stam
ל	Miria back slanted	ל	Universal Aaron	ל	Universal Stam Letter
ל	Sefer Torah	ל	Universal David	ל	Yafa

Das Lamed ist einer der zwölf einfachen Buchstaben und symbolisiert den Stamm Efraim, die Sefira *Jesod*, die Wahrheit, die Galle, die Sexualität, das Sternbild Waage, den Monat Tischri (den ersten Monat im jüdischen Kalender, der dem Zeitraum September-Oktober entspricht und in dem viele Feste stattfinden: *Rosch ha-Schana, Jom Kippur, Sukkot, Schemini Azeret, Simchat Tora*).

Er ist der einzige überhängende Buchstabe, und daher erinnert seine Form an »einen Turm, der sich in die Luft erhebt«, an das menschliche Streben, die Elevation des Weisen auf der Suche nach Wahrheit, den Aufstieg zum Wissen, um es zu den gewöhnlichen Sterblichen herunterzuholen; den Wunsch, zu lernen, vor allem aus den Heiligen Schriften.

Als Zahl Dreißig symbolisiert er die dreißig Tage des Monats, die dreißig Schekel, die eine erwachsene Frau wert ist, die dreißig Gerechten (*zadikim*), dank derer die Welt nicht von Gott zerstört wird, die dreißig Generationen von Abraham bis zur ersten Zerstörung des Tempels von Jerusalem; die dreißig Ebenen der göttlichen Herrlichkeit; die dreißig Gruppen von *zadikim* in der kommenden Welt. Das Lamed entspricht idealiter dem Vers: »Du sollst deinen Nächsten lieben wie dich selbst« (Lev 19,18).

Mit einem Lamed beginnt das Wort *lew* (Herz), Sitz der Liebe und der Weisheit, und das Wort *limud* (Lernen, Lehre). Und er ist der letzte Buchstabe der Tora, die in Dtn 34,12 mit dem Wort »Israel« endet.

Vor allem vom Herz handelt die Auslegung des *Alphabets des Rabbi Akiba*: »Lies nicht Lamed, sondern *lew mewin da'at*, das Herz erkennt Wissen« – die Anfangsbuchstaben dieser Wörter ergeben übrigens Lamed. »Das lehrt, dass das Herz gegenüber (entsprechend) allen Gliedern gewogen ist. Der Mensch hat Augen, auch das Herz hat Augen. Der Mensch hat Ohren, auch das Herz hat Ohren. Der Mensch hat Rede, auch das Herz hat Rede. Der Mensch tobt, auch das Herz tobt. Der Mensch schreit, auch das Herz schreit. Der Mensch hat einen Gang, auch das Herz hat einen Gang. So sind alle Eigenschaften, welche sich an den Gliedern des Menschen finden, auch am Herzen.«

Der *Sefer ha-Temuna* sagt: »Das Lamed ist das, was die Menschen die Erkenntnis lehrt [*ha-melammed*]. In seinem Attribut wie auch in seiner Bedeutung gleicht der Buchstabe Lamed dem Alef, nicht aber, was die Aussprache betrifft, und ebenso wenig die Form, denn das Alef stellt die Krone dar, und das Lamed verweist auf die Sefira der Einsicht. Seine Form ist die am höchsten aufragende von allen Buchstaben und lehrt so, dass die Sefira der Schönheit in ihm vorherrschend und erhöht ist [...]. Das Lamed steht für Vereinigung. Das Zeugnis, das in ihm enthalten ist, ist doppelt, denn der in ihm enthaltene Buchstabe steht für die niedere Schechina. Lamed dominiert in der Stunde des Saturn«. Der Text insistiert schließlich auf einer im Lamed enthaltenen Qualität als einer in ihr eingeschlossenen Macht: »Unter den Heerscharen der Kraft dieses Buchstabens ist ein mächtiger, schrecklicher, kraftstrotzender Held, der Adir Adirion [Herr der Heerscharen] heißt. Er ähnelt dem erhabenen Fürsten, Aktri'el Jah, dem Herrn der Heerscharen, und steht ihm nah. Ihretwegen hat David gesagt: ‚Dich will ich preisen' (Ps 144,1), bis zum Ort und zur Herrlichkeit des Ruhmes, zum einzigen, im Geheimnis des Abbilds der Form, aus der die Kraft und das Reich hervorgehen«.

Nach Fabre-d'Olivet »gehört dieser Buchstabe als Konsonant zu den Labiallauten. Als Symbol steht er für den menschlichen Arm, die Flügel des Vogels, für alles, was sich ausdehnt, aufsteigt, sich entfaltet. Als grammatikalisches Zeichen schließlich bezeichnet er die Bewegung des Ausdehnens und wird für jede Vorstellung von Ausdehnung, Aufsteigen, Besetzen, Besitznahme verwendet. Er ist im Hebräischen der Direktivartikel, er drückt eine Bewegung der Wiedervereinigung aus, der Abhängigkeit, des Besitzes oder des Zusammentreffens.«

MEM

MEM, URSPRÜNGLICHE BEDEUTUNG ALS WORT »WASSER« (*MAJIM*).
Dreizehnter Buchstabe des hebräischen Alphabets: m.
Als Zahlzeichen entspricht er der Zahl Vierzig (*arba'im*).

מ	David Modern	מ	Sheeba	מ	Universal Hadassah
מ	Frankreuhl	מ	Solomon	מ	Universal Narkis
מ	Hebkoren	מ	Uni-Frankreuhl	מ	Universal Rashi
מ	Miria	מ	Uni-Purim	מ	Universal Stam
מ	Miria back slanted	מ	Universal Aaron	מ	Universal Stam Letter
מ	Sefer Torah	מ	Universal David	מ	Yafa

Das Mem ist einer der drei Mütter (Alef, Mem, Schin). Mit einem Mem beginn das Wort *majim* (Wasser), und daher symbolisiert der Buchstabe alles, was mit Wasser zu tun hat: die vierzig Tage der Sintflut, den Fluss (offenes Mem), den unterirdischen Fluss (Mem finalis), den schwangeren Mutterbauch. Das erinnert auch an den Vers: »Und Gottes Geist schwebte über dem Wasser« (Gen 1,2). Nicht umsonst wirkt dieser Buchstabe in der Kursivschrift fließend wie Wellen. Man beachte schließlich, welch große Bedeutung das Reinigungswasser hat, das von allen Sünden und allen Unreinheiten reinigt, wie die zahlreichen rituellen Bäder (*mikwe*) bezeugen. In dieser Bedeutung – als etwas Reinigendes – ist der Buchstabe Mem auch mit der Vorstellung vom Messias verbunden, da er eine gewöhnliche und eine finale Form hat, was auf die Erlösung hinweist.

Das offene Mem symbolisiert ferner die Selbstkenntnis, das Selbstbewusstsein, die neun »Worte« der Schöpfung, die exoterische Dimension der *Tora*; das geschlossene Mem symbolisiert die unbewussten Zustände des Seins, die Fähigkeit, sich fortzupflanzen, das erste Wort der Schöpfung, die esoterische Dimension der *Tora*.

Als Zahl Vierzig erinnert es an die Menge Wasser (vierzig *se'im*), die man benötigt, um eine *koscher mikwe* (rituelles Reinigungsbad) zu bereiten, an die vierzig Jahre Wüstenwanderung, Israels nach dem Exodus, die vierzig Tage, die sich Moses auf dem Sinai aufhielt, die vierzig Generationen, die zwischen Moses und der Vollendung des *Talmud* lagen, die vierzig Tage der kleineren Buße für die Sünde mit dem goldenen Kalb, und die vierzig Tage der größeren Buße, in denen Moses zum zweiten Mal die Gebotstafeln erhielt. Und schließlich maß die Vorhalle des Allerheiligsten im Tempel von Jerusalem vierzig Ellen.

Im *Alphabet des Rabbi Akiba* wird gefragt: »Warum spricht man das Mem zweimal in einem aus? Weil beide in den Geheimnissen des Thrones der Herrlichkeit stehen, und sie (die Buchstaben) alle eingegraben sind in die Ordnungen der Flamme auf dem Thron der Herrlichkeit und auf ihre (der Ordnungen) Häupter Kronen des Lichts knüpfen [...].« Weiterhin wird ausgeführt, dass »mit dem Zeichen des offenen Mem [...] der Heilige – gebenedeit sei er! – König der Könige heißt, mit dem geschlossenen Mem [...] der Heilige – gebenedeit sei er! – Herrscher der Herrscher heißt, wie gesagt ist (Ps 103,19): ‚Und sein Königtum herrscht über alles!' Und es heißt: (Ex 15,18): ‚Der Ewige wird König sein, für immer und ewig', ferner (Pa 47,9): ‚Könik ist Gott über alle Völker.'«

Für den *Sefer ha-Temuna* »handelt es sich um einen verstärkten und doppelten Buchstaben ohne jeden Mangel. In ihm ist die Vereinigung doppelt: Das erste Mem steht für den Einfluss des Segens und des Friedens, das zweite [der Finalbuchstabe] enthält die Strenge. Beide bilden einen einzigen Buchstaben für die Ewigkeit, erschaffen durch die Barmherzigkeit. Das Mem hat eine kleine Öffnung unten, um den Abgrund zu überwachen und die Wasser an ihrem Platz zu halten, damit sie niemals überlaufen, sie jedoch stets weiter aus ihren Quellen entspringen und ihre Bestimmung erfüllen [...]. Das Mem bildet die Kraft des Engels Metatron. Aus diesem Buchstaben gehen hervor das Licht und der Einfluss des Himmels auf die Erde der Lebenden und auf das, was in der Erde ist. Aus der Kraft des geschlossenen Mem kommt die Kraft der Wolken als Gesetz des Himmels und der Erde über alles, was darin ist: Dieser Buchstabe hat eine Kraft und einen Teil in dem, was in der Erde eingeschlossen ist. Das He der fünf Teile ist in seinen Namen eingeschlossen, im Geheimnis der fünf Finger der höchsten Hand; und deshalb kommen die vier Formen aus der Vereinigung, doch die Kraft ist doppelt so groß im zusätzlichen Finger, der die Hand erst brauchbar macht.«

Nach Fabre-d'Olivet »steht er als Symbol für die Frau, Mutter und Gefährtin des Mannes, und für alles, was fruchtbar und gestaltend ist«.

MEM finalis

ם	David Modern	ם	Sheeba	ם	Universal Hadassah
ם	Frankreuhl	ם	Solomon	ם	Universal Narkis
ם	Hebkoren	ם	Uni-Frankreuhl	ם	Universal Rashi
ם	Miria	ם	Uni-Purim	ם	Universal Stam
ם	Miria back slanted	ם	Universal Aaron	ם	Universal Stam Letter
ם	Sefer Torah	ם	Universal David	ם	Yafa

(Fortsetzung von Seite 35)

(12) Er ließ herrschen den Buchstaben Pe in der Herrschaft, band ihm eine Krone um und verschmelzte sie miteinander; er schuf durch sie: die Venus in der Welt, den Donnerstag im Jahr und das rechte Nasenloch im Körper (männlich und weiblich). (13) Er ließ herrschen den Buchstaben Resch im Frieden, band ihm eine Krone um und verschmelzte sie miteinander; er schuf durch sie: den Merkur in der Welt, den Freitag im Jahr und das linke Nasenloch im Körper (männlich und weiblich). (14) Er ließ herrschen den Buchstaben Taw in der Anmut, band ihm eine Krone um und verschmelzte sie miteinander; er schuf durch sie: den Mond in der Welt, den Sonnabend im Jahr und den Mund im Körper (männlich und weiblich).

(15) Sieben Doppelte: Bet Gimel Dalet Kaf Pe Resch Taw; durch sie wurden gezeichnet: sieben Welten, sieben Himmel, sieben Länder, sieben Seen, sieben Ströme, sieben Westen, sieben Tage, sieben Wochen, sieben Jahre, [*sieben*] Erlassjahre, sieben Jubiläen und der heilige Palast; deswegen liebte er die Siebenzahl unter dem ganzen Himmel.

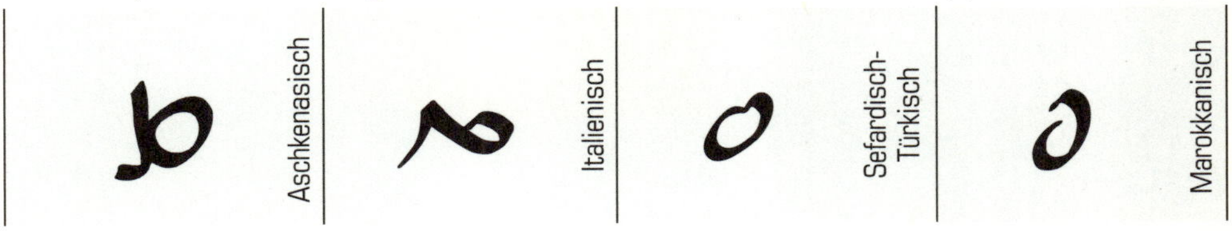

(18) (Sieben Doppelte:) wie verschmolz er sie miteinander? Zwei Steine bauen zwei Häuser, drei Steine bauen vier [*sic! sechs*] Häuser, vier Steine bauen vierundzwanzig Häuser, fünf Steine bauen einhundertundzwanzig Häuser, sechs Steine bauen siebenhundertundzwanzig Häuser, sieben Steine bauen fünftausendvierzig Häuser; von dannen und weiter gehe hinaus und berechne, was der Mund nicht mehr sprechen und das Ohr nicht mehr hören kann.

Fünfter Abschnitt

(1) Zwölf Einfache: He Waw Sajin Chet Tet Jod Lamed Nun Samech Ajin Zade Kof; ihr Grund ist: Gesicht, Gehör, Geruch, Sprache, Essen, Beischlaf, Tätigkeit, Gehen, Zorn, Lachen, Denken, Schlaf.

(2) Zwölf Einfache He Waw Sajin Chet Tet Jod Lamed Nun Samech Ajin Zade Kof; zwölf und nicht elf, zwölf und nicht dreizehn.

Ihr Grund ist: entsprechend den zwölf Winkeln, nordöstlicher Winkel, südöstlicher Winkel, obenöstlicher Winkel, untenöstlicher Winkel, obennördlicher Winkel, untennördlicher Winkel, nordwestlicher Winkel, südwestlicher Winkel, obenwestlicher Winkel, untenwestlicher Winkel, obensüdlicher Winkel, untensüdlicher Winkel. Und sie dehnen sich aus und erweitern sich bis in das Unendliche, diese sind die Arme der Welt.

(3) Zwölf Einfache: He Waw Sajin Chet Tet Jod Lamed Nun Samech Ajin Zade Kof: er zeichnete, hieb, schmelzte, vertauschte und wog sie; und schuf aus ihnen zwölf Sternbilder in der Welt, zwölf Monate im Jahr und zwölf leitende (Organe) im Körper (männlich und weiblich). (4) Zwölf Sternbilder in der Welt: Widder, Stier, Zwillinge, Krebs, Löwe, Jungfrau, Waage, Skorpion, Schütze, Steinbock, Wassermann, Fische.

(5) Zwölf Monate im Jahr: Nissan, Ijar, Siwan, Tammus, Aw, Elul, Tischri, Marcheschwan, Kislew, Tewet, Schewat und Adar. (6) Zwölf leitende (Organe) im Körper (männlich und weiblich): zwei Hände, zwei Füße, zwei Nieren, Milz, Leber, Galle, Darm, Magen, Mastdarm.

Er machte sie nach Art eines Streites, er richtete sie ein nach Art eines Krieges, (auch dies), das Eine gegen das Andere (machte Gott).

(7) Er ließ herrschen den Buchstaben He in der Sprache, band ihm eine Krone um und verschmelzte sie miteinander; er schuf durch sie: den Widder in der Welt, Nissan im Jahr und die rechte Hand im Körper (männlich und weiblich). (8) Er ließ herrschen den Buchstaben Waw im Denken, band ihm eine Krone um und verschmelzte sie miteinander; er schuf durch sie: Stier in der Welt, Ijar im Jahr und die linke Hand im Körper (männlich und weiblich). (9) Er ließ herrschen den Buchstaben Sajin im Gehen, band ihm eine Krone um und verschmelzte sie miteinander; er schuf durch sie: Zwillinge in der Welt, Siwan im Jahr und den rechten Fuß im Körper (männlich und weiblich). (10) Er ließ herrschen den Buchstaben Chet im Gesicht, band ihm eine Krone um und verschmelzte sie miteinander; er schuf durch sie: den Krebs in der Welt, Tammus im Jahr und den linken Fuß im Körper (männlich und weiblich).

(Fortsetzung auf Seite 61)

NUN

NUN, URSPRÜNGLICHE BEDEUTUNG ALS WORT »FISCH« ODER »WASSERSCHLANGE«.
Vierzehnter Buchstabe des hebräischen Alphabets: n.
Als Zahlzeichen entspricht er der Zahl fünfzig (*chamischschim*).

נ	David Modern	נ	Sheeba	נ	Universal Hadassah
נ	Frankreuhl	נ	Solomon	נ	Universal Narkis
נ	Hebkoren	נ	Uni-Frankreuhl	נ	Universal Rashi
נ	Miria	נ	Uni-Purim	נ	Universal Stam
נ	Miria back slanted	נ	Universal Aaron	נ	Universal Stam Letter
נ	Sefer Torah	נ	Universal David	נ	Yafa

Das Nun hat die Form einer Vase und stellt idealtypisch einen Diener dar, der sich verbeugt. Das Nun finalis sieht demgegenüber wie ein verlängerten Waw aus, das über die untere Grundlinie hinabreicht und so idealtypisch den Diener darstellt, der sich befreit hat.

Das Nun ist einer der zwölf einfachen Buchstaben und symbolisiert den Stamm Manasse, die Sefira *Chesed*, die Liebe, den Darm, den Geruchssinn, das Sternbild Skorpion, den Monat Cheschwan (den zweiten Monat im jüdischen Kalender, der dem Zeitraum Oktober-November entspricht, auch *marcheschwan* – von *mara*, bitter – genannt, weil in ihm keine Feste gefeiert werden). In der Form einer »empfangenden Vase« symbolisiert er außerdem den Gläubigen in Unterordnung, Treue, Demut und Einsicht. Als Finalbuchstabe steht er für die Unendlichkeit Gottes. In seiner alten Bedeutung »Fische« (*nun* bedeutet »Fisch«) ist er das Symbol für Fortpflanzungsfähigkeit, Selbstlosigkeit, die tiefgründige Suche nach der Wahrheit in den Nebeln der erscheinungsweltlichen Tiefen.

In seiner (aramäischen) Bedeutung »Meeresschlange« erinnert er an die Sintflut und damit an existentielle Krisen, denen die menschliche Seele ausgesetzt ist: »All deine Wellen und Wogen gehen über mich hin« (Ps 42,8), die Seele fällt und taucht, von der göttlichen Gnade belebt, wieder aus den Tiefen auf.

Als Zahl Fünfzig ist das Nun unter anderem mit dem Zyklus von fünfzig Jahren verbunden, der mit dem Jubeljahr endet; den fünfzig Fragen, die Gott Ijob gestellt hat; den fünfzig Bezugnahmen auf den Exodus in der *Tora*; den fünfzigtausend Jubeljahren, die uns von der kommenden Welt trennen.

Im *Alphabet des Rabbi Akiba* wird folgende Frage zu den zwei Formen des Buchstabens gestellt: »Warum liegt das eine und das andere ist aufgerichtet und stehend? Weil mit ihm die Seele [...] der Geschöpfe erschaffen worden ist. Denn jede Seele liegt bald, bald ist sie aufgerichtet. In der Zeit, wo der Mensch liegt, liegt auch seine Seele, und in der Zeit, wo der Mensch aufgerichtet ist, ist auch seine Seele aufgerichtet, wie es heißt (Spr 20,27): ‚Eine Leuchte Gottes ist die Seele des Menschen, durchforschend alle Kammern des Inneren.' [...] Allein weil der Mensch in der Ähnlichkeit des Heiligen – gebenedeit sei er! – erschaffen worden ist (d. i. er Gottes Ebenbild trägt), heißt es von ihm: ‚Eine Leuchte Gottes ist die Seele des Menschen.'«

Im *Sefer ha-Temuna* »wird das Nun die fünfzigste Tür genannt, und sein Attribut ist ‚ha-Elohim'. Es ist über der Sefira der Schönheit, und sein Blick ruht auf der achten Sefira. Es stellt ein auserlesenes, vor den Augen aller Lebenden verborgenes Attribut dar [...]. Das Nun ist eine heilige Kraft, die in jedem Tetragramm und in jedem Erlassjahr versteckt ist, eine höhere, verborgene Kraft, Quelle aller Dinge. Sie ist die vierte unter den höchsten Kräften, und aus ihr kommt die vierte Kraft des Namens. Es ist der Ursprung jeder einzelnen, von den Erlassjahren und den Welten durch ihre Heerscharen und ihre Elitetruppen ausgeführten Handlung, reine Kräfte, reine Geister, innerlich und unverdorben, Emanationen, höhere Seelen, Lichter, Handlungen furchtbarer Kräfte, je nach Erfordernis der höchsten und spirituellen Stufen. Von diesem Buchstaben hängen die Prozesse der Erlassjahre und die Kleider der Priester ab, während sich die Gnade mit ihnen allen kleidet, je nach dem, was die führenden Seelen fordern«.

Nach Fabre-d'Olivet »gehört dieser Buchstabe, als Konsonant, in die Kategorie der Nasallaute. Als Symbol steht er für den Menschensohn, für jedes erschaffene und besondere Wesen. Als grammatikalisches Zeichen ist er das der individuellen und erschaffenen Existenz. Steht er am Ende eines Wortes, ist er ein Augment und gibt dem Seienden eine Vorstellung von der Ausdehnung, zu der es individuell fähig ist. Die jüdischen Grammatiker, die ihn den Kunstzeichen zuordnen, haben festgestellt, dass er am Wortanfang die passive, in sich selbst versunkene Tätigkeit darstellt, am Wortende hingegen die Entwicklung und die Ausdehnung.«

NUN finalis

David Modern	Sheeba	Universal Hadassah
Frankreuhl	Solomon	Universal Narkis
Hebkoren	Uni-Frankreuhl	Universal Rashi
Miria	Uni-Purim	Universal Stam
Miria back slanted	Universal Aaron	Universal Stam Letter
Sefer Torah	Universal David	Yafa

(Fortsetzung von Seite 57)

(11) Er ließ herrschen den Buchstaben Tet im Gehör, band ihm eine Krone um und verschmelzte sie miteinander; er schuf durch sie: den Löwen in der Welt, Aw im Jahr und die rechte Niere im Körper (männlich und weiblich).

(12) Er ließ herrschen den Buchstaben Jod in der Tätigkeit, band ihm eine Krone um und verschmelzte sie miteinander; er schuf durch sie: die Jungfrau in der Welt, Elul im Jahr und die linke Niere im Körper (männlich und weiblich). (13) Er ließ herrschen den Buchstaben Lame im Beischlaf, band ihm eine Krone um und verschmelzte sie miteinander; er schuf durch sie: die Waage in der Welt, Tischri im Jahr und die Leber im Körper (männlich und weiblich). (14) Er ließ herrschen den Buchstaben Nun im Geruch, band ihm eine Krone um und verschmelzte sie miteinander; er schuf durch sie: den Skorpion in der Welt, Marcheschwan im Jahr und die Milz im Körper (männlich und weiblich).

(15) Er ließ herrschen den Buchstaben Samech im Schlaf, band ihm eine Krone um und verschmelzte sie miteinander; er schuf durch sie: den Schützen in der Welt, Kislew im Jahr und die Galle im Körper (männlich und weiblich). (16) Er ließ herrschen den Buchstaben Ajin im Zorn, band ihm eine Krone um und verschmelzte sie miteinander; er schuf durch sie: den Steinbock in der Welt, Tewet im Jahr und den Darm im Körper (männlich und weiblich). (17) Er ließ herrschen den Buchstaben Zade im Essen, band ihm eine Krone um und verschmelzte sie miteinander; er schuf durch sie: den Wassermann in der Welt, Schewat im Jahr und den Magen im Körper (männlich und weiblich). (18) Er ließ herrschen den Buchstaben Kof im Lachen, band ihm eine Krone um und verschmelzte sie miteinander; er schuf durch sie: die Fische in der Welt, Adar im Jahr und den Mastdarm im Körper (männlich und weiblich).

(Er machte sie in der Art eines Streites, ordnete sie in der Art einer Mauer und rüstete sie in der Art eines Kampfes). (21) (Drei Mütter gibt es, welche drei Väter sind; aus ihnen kommen hervor: Feuer, Luft und Wasser. Drei Mütter, sieben Doppelte und zwölf Einfache.) (22) (Dies sind die zweiundzwanzig Buchstaben, mit denen der Heilige, gebenedeit sei er, Jah Jahwe Zebaot, der lebendige Gott Israels, [Alles] gegründet hat; hoch und erhaben ist er, der da ewig wohnet, erhaben und heilig ist sein Name, erhaben und heilig ist er.)

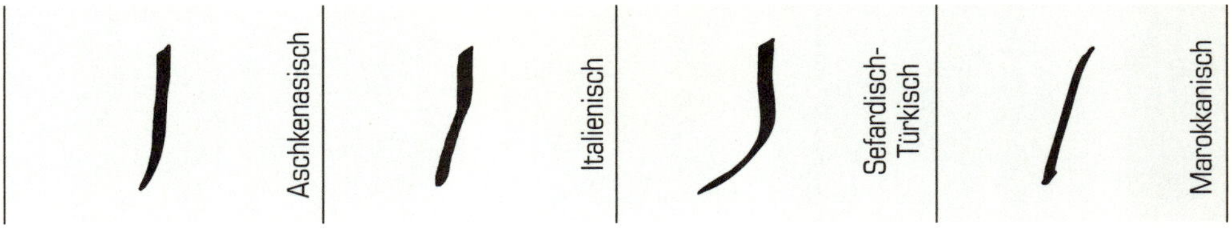

Sechster Abschnitt

(2) (Ein Beweis dafür und wahre Zeugen sind: Welt, Jahr und Körper.) Zwölf sind unten, sieben auf diesen, und drei auf den sieben; aus den dreien gründete er seine Wohnung, und alles geht von Eins aus. Dies ist ein Zeichen dafür, dass er einer ist und nicht einen zweiten (neben sich) hat; er ist der einzige König in der Welt, er ist einzig und sein Name ist einzig.

(3) [Die Zahl in der Welt ist die Zehn [und Zwölf]. (Ein Beweis dafür und wahre Zeugen sind: Welt, Jahr und Körper); Feuer, Luft und Wasser, sieben Sterne und zwölf Sternbilder.

Die Zahl im Jahre ist zehn [und zwölf]; Kälte, Wärme und Gemäßigtes, sieben Tage und zwölf Monate. Die Zahl im Körper ist zehn und zwölf: Kopf, Bauch und Leib, sieben Pforten und zwölf leitende Organe.]

(4) Diese sind die drei Mütter: Alef Mem Schin; von diesen gingen Väter aus, und von den Vätern Geschlechter. Drei Väter und ihre Geschlechter, sieben Sterne und ihre Heere und zwölf schräge Grenzen. Ein Beweis dafür und treue Zeugen sind: die Welt, das Jahr und der Körper.

(5) Eine Satzung ist: die Zwölfzahl, die Siebenzahl und die Dreizahl; ihre Beamten sind: der Sphären-Kreis, der Drache und das Herz.

(6) Drei (Mütter Alef Mem Schin) Luft, Wasser und Feuer; Feuer oben, Wasser unten und die Luft ist eine schwankende Satzung zwischen beiden. Das Zeichen ist: das Feuer trägt das Wasser; Mem schweigt, Schin zischt und Alef ist eine schwankende Satzung zwischen beiden.

(7) Der Drache in der Welt ist wie ein König auf seinem Thron; der Sternbilderkreis im Jahr ist wie ein König im Reiche; das Herz ist wie ein König im Krieg.

(Fortsetzung auf Seite 73)

SAMECH

SAMECH, URSPRÜNGLICHE BEDEUTUNG ALS WORT »STÜTZE«, »BAUM« ODER »LINIE«.
Fünfzehnter Buchstabe des hebräischen Alphabets: s.
Als Zahlzeichen entspricht er der Zahl sechzig (*schischschim*).

ס	David Modern	ס	Sheeba	ס	Universal Hadassah
ס	Frankreuhl	ס	Solomon	ס	Universal Narkis
ס	Hebkoren	ס	Uni-Frankreuhl	ס	Universal Rashi
ס	Miria	ס	Uni-Purim	ס	Universal Stam
ס	Miria back slanted	ס	Universal Aaron	ס	Universal Stam Letter
ס	Sefer Torah	ס	Universal David	ס	Yafa

Das Samech ist einer der zwölf einfachen Buchstaben und symbolisiert den Stamm Benjamin, die Sefira *Nezach*, das Vertrauen, die Bauchspeicheldrüse, den Schlaf, das Sternbild Schütze, den Monat *Kislew* (den dritten Monat im jüdischen Kalender, der dem Zeitraum November- Dezember entspricht; vom 25. Kislew bis zum 2. Tewet wird das *Chanukka-Fest* gefeiert).
Da er die Form eines Kreises hat, ist er ein Symbol für den Ehering. Als solcher stellt er die Vereinigung der verwandten Seelen in der von Gott gesegneten Ehe dar, und die Gegenwart Gottes in jeder irdischen Ehe; doch demgegenüber auch die paritätische Gleichheit aller Seelen. Darüber hinaus symbolisiert er die Leere, die durch die anfängliche Kontraktion des unendlichen Lichtes Gottes erschaffen wurde, und die zyklischen Kreise der geschichtlichen Evolution.

stützt den Gebeugten. D. i. der Heilige – gebenedeit sei er! –, welcher die Gebeugten, die Fallenden stützet [...]. Eine andere Erklärung. Samech, das sind die Israeliten, welche immerdar auf die Verdienste der Väter sich stützen [...].Eine andere Erklärung. Samech, das ist die Wohnung [...], welche Mose und Israel in der Wüste machten: denn es bildeten für dieselbe vier Lager von den Stämmen Israels die Stützen [...]. Eine andere Erklärung. Samech, das ist das Heiligtum, denn die Schechina war in der Mitte und bildete seine Stütze und ringsum der König, der Hohepriester, die Priester, die Leviten und Israel. [...] Eine andere Erklärung. Samech, d. i. die Tora, welche ringsum gestützt wird durch Propheten, Hagiographen, Mischna, Midrasch, Halachot und Agadot, Traditionen [...] und Tosafot«.

Als Zahl Sechzig steht er dem Schlaf vor, der ein Sechzigstel des Todes ist; dem Feuer, das ein Sechzigstel der Hölle ist; dem Sabbat, der ein Sechzigstel der kommenden Welt ist; den sechzig Zehntausendern (600.000 Seelen) Juden, die Ägypten verlassen haben; den sechzig Wachen des Königs Salomo; den sechzig Gelehrten des Ba'al Schem Tow; den sechzig Königinnen des *Hohenliedes*; den sechzig Traktaten der mündlichen *Tora*; den sechzig Buchstaben des priesterlichen Segens; den sechzig Knochen der Hand des *Kohen*.
Das Samech ist ein idealer Trost: Es zeigt uns den Weg, Gott nicht durch Beweise, sondern durch die Deutung »der Zeichen« kennen zu lernen. Und tatsächlich ist es der Anfangsbuchstabe von *semicha* (Stütze, Hilfe), von *semel* (Symbol), und von *siman* (Zeichen). Zusammen mit dem im Alphabet vorausgehenden Buchstaben ergibt er den Begriff *nes* (Wunder). Tatsächlich kündigt das *Chanukka*-Fest, das Fest der Wintersonnenwende – das man in dem Monat feiert, der von diesem Buchstaben repräsentiert wird –, den Sieg des kommenden Lichts über die Dunkelheit an.
Nach dem *Alphabet des Rabbi Akiba* wird der Buchstabe Samech *somech mach* gelesen: »er

Für den *Sefer ha-Temuna* »stützt sich die Stadt Jerusalem auf das Samech. Sein Name kommt von dem Spruch ‚Der Herr stützt [*somech*] alle, die da fallen' (Ps 145,14). Er ist ein an allen Seiten geschlossener Buchstabe und spielt somit auf die von Bergen oder einer Mauer umgebene Stadt an, eine Stadt, zu der weder Unbeschnittene noch Unreine Zugang haben [...]. Dieser Buchstabe spielt auf jede Art von Erlösung an. Der Herr wird das, was geschrieben steht, für uns Wirklichkeit werden lassen, und so sei es [...]. Im Attribut teilt sich die Form des Samech in zwei verschiedene Formen und in zwei Lichter, um zu zeigen, dass sie in ihrem Erlassjahr sind, um zu erfüllen, was für die beiden Bestandteile nötig ist, die es charakterisieren. In dieser Kraft, durch das Symbol der beiden in der von der strengen Natur des Attributes auferlegten, geschlossenen Form vereinten Kräfte, wird das ganze Geheimnis und der Verstand der Exilierten und der Hinweis auf die Tempel ihrer Epoche bewahrt«.
Nach Fabre-d'Olivet »ist dieser Buchstabe das Bild des Bogens, dessen Schnur in den Händen des Menschen pfeift. Als grammatikalisches Zeichen ist er das des Kreisens, in Bezug auf die Umgebungslinie jeder Sphäre.«

AJIN

AJIN, URSPRÜNGLICHE BEDEUTUNG ALS WORT »AUGE«; ABER AUCH »FARBE«, »QUELLE«.
Sechzehnter Buchstabe des hebräischen Alphabets: ‘ (Spiritus asper, guttural).
Als Zahlzeichen entspricht er der Zahl Siebzig (*schiw‘im*).

ע	David Modern	ע	Sheeba	ע	Universal Hadassah
ע	Frankreuhl	ע	Solomon	ע	Universal Narkis
ע	Hebkoren	ע	Uni-Frankreuhl	ע	Universal Rashi
ע	Miria	ע	Uni-Purim	ע	Universal Stam
ע	Miria back slanted	ע	Universal Aaron	ע	Universal Stam Letter
ע	Sefer Torah	ע	Universal David	ע	Yafa

Ajin hat die Form eines Waw (oder eines Sajin), vor das ein Nun gesetzt wurde, und deshalb stellt es eine Vase dar, die menschliche Seele, die Gottes Segen empfängt.

Es ist einer der zwölf einfachen Buchstaben und symbolisiert den Stamm Dan, die Sefira *Chochma*, die Selbstzerstörung, die Leber, den Zorn, das Sternbild Steinbock, den Monat Tewet (den vierten Monat im jüdischen Kalender, der dem Zeitraum Dezember-Januar entspricht; am 10. Tewet fastet man zum Andenken an die Belagerung durch Nebukadnezar).

Da der Name dieses Buchstabens »Auge« bedeutet, sind die entsprechenden Deutungen damit verbunden: das rechte Auge, das in den Himmel sieht, zur Transzendenz, und das tanzt; das linke Auge, das auf die Erde sieht, auf das Wort Gottes, und das spricht; die Wechselbeziehung zwischen Gott und seinem Geschöpf, zwischen dem Hirten und seiner Herde, zwischen der Weisheit (Feuer) und der Demut (Wasser). Durch den Ausgleich von Gegensätzen besänftigt man den Zorn, heilt die Leber (die eben von diesem Buchstaben repräsentiert wird) und erlangt das nötige Gleichgewicht, um das Wort Gottes zu hören, das in der *Tora* eingeschlossen ist (»Der, der sich erzürnt, ist, als bete er andere Götter an«, *Talmud Schabbat*, 105b; »Der sich erzürnt, hat keinen Glauben«, *Hilchot ha-De'ot*).

Als Zahl Siebzig bezieht er sich auf die siebzig archetypischen Nationen und die entsprechenden siebzig Sprachen, die auf die Sünde des Turmbaus von Babel folgten, die siebzig Ochsen, die am *Sukkot*-Fest geopfert werden, die siebzig Jahre, die ein Mensch im Durchschnitt lebt; die siebzig Ältesten des *Sanhedrin*, die auf Befehl von Ptolomäus von Ägypten die *Tora* ins Griechische übersetzt haben (Septuaginta, die Übersetzung der Siebzig), was für das »Wort« Erniedrigung bedeutet, da es lediglich dank seiner Auslegungen lebendig bleibt.

Für das *Alphabet des Rabbi Akiba* ist mit Ajin »nichts anderes gemeint als [...] das Auge der Tora, denn sie ist Auge für jedes Auge, sie ist Licht für jedes Licht, sie ist Weisheit für jede Weisheit, sie ist Einsicht für alle Einsichtigen, und sie ist Erkenntnis für alle, die Einsicht erkennen und sie ist Leben für die, so an ihr festhalten.« Für den *Sefer ha-Temuna* »kommt sein Name von dem Satz: ‚So siedelte sich Israel sicher an, die Quelle Jakobs für sich allein' [Dtn 33,28], da es an den heißen Orten der Wüste wohnt [...]. Dieser Buchstabe wird ‚Fundament des Sabbats' genannt, und seine Form schließt ein Nun und ein Sajin in einem einzigen Symbol ein«.

Weiter ist das Ajin für den *Sefer ha-Temuna* »das Fundament, das Auge Jakobs – denn die Vereinigung einer solchen Kraft wird ‚Auge' genannt – und stellt die ‚Quelle' dieses Attributs dar. Hier entspringt das erste, im Fundament verborgene Licht, die Kraft und die Form des Buchstabens, der aus einem Nun und einem Waw besteht und die sechs Lichter des siebenarmigen Leuchters darstellt, die in ihrer Mitte ein siebtes Licht einschließen. Alle Buchstaben sehen auf diesen, denn von ihm kommt das Licht zu ihnen, wie das Licht, das im Nun eingeschlossen ist. Das Ganze hat eine einzigartige Form wie der Leuchter, dessen Zubehör aus neunundvierzig Teilen besteht [...]. So drückt die Kraft des Buchstabens Ajin das Wissen um das im Fundament eingeschlossene Licht aus, auf all seinen Wegen, im Geheimnis der höheren Seelen, die ausziehen und zum Leben der kommenden Welt hin wandern«.

Nach Fabre-d'Olivet »wird dieser Buchstabe sowohl als Vokal als auch als Konsonant betrachtet. In seiner vokalischen Bedeutung stellt er das Innere des menschlichen Ohres dar und wird so zum Symbol verwirrender, dumpfer, unangenehmer Geräusche, dunkler Klänge bar jeder Harmonie. Als Konsonant gehört er zu den Kehllauten und stellt den Hohlraum der Brust dar. Als grammatikalisches Zeichen benutzt, steht er für den Sinn für das Materielle, die Vorstellung von Leere, vom Nichts.«

PE

PE, URSPRÜNGLICHE BEDEUTUNG ALS WORT »MUND«.
Siebzehnter Buchstabe des hebräischen Alphabets: p.
Als Zahlzeichen entspricht er der Zahl Achtzig (*schemonim*).

David Modern	Sheeba	Universal Hadassah
Frankreuhl	Solomon	Universal Narkis
Hebkoren	Uni-Frankreuhl	Universal Rashi
Miria	Uni-Purim	Universal Stam
Miria back slanted	Universal Aaron	Universal Stam Letter
Sefer Torah	Universal David	Yafa

Das Pe hat die Form eines Mundes mit einem Zahn; das weiße Feld in seinem Inneren hingegen hat die Form eines Bet.
Er ist einer der sieben Doppelbuchstaben und stellt Merkur dar, das linke Ohr, die Dualität Herr/Sklave und den Donnerstag.
Da er einen Mund darstellt, steht er auf spiritueller Ebene für den Mund Gottes, der die *Tora* durch den Mund Mose verkündet; die Schöpfung, die Lobgesänge für den Herrn anstimmt; das im Wort enthaltene Wissen; die Macht des Wortes – als Segen und als »Wort«, mit dem das Universum geschaffen wurde. Außerdem steht er für die mündliche Überlieferung (*Tora schebe 'al-Pe*) und die – äußerst wichtige – Tatsache, dass die *Tora* vom Vater an den Sohn vermittelt wird. Auf der weltlichen Ebene stellt er die verlockenden Worte Satans dar, die okkulte Macht des Wortes in magischen Praktiken, die Macht des Fluches. Er ist somit die Allianz zwischen dem Wort Gottes und der menschlichen Antwort, oder die mündliche Überlieferung. In der Tat bedient sich die »mündliche Überlieferung« auch der psalmodierenden Lektüre, mit Pausen und Betonungen, die dem geschriebenen Wort Musikalität verleihen und es mit bedeutsamen Hervorhebungen anreichern.
Als Zahl Achtzig ist er unter anderem mit der Vorstellung von einem hohen Alter »achzig Jahren Ruhe« verbunden, die Israel nach der Unterdrückung durch Moab in der Richterzeit vergönnt waren, den achtzig Brüderpaaren der *Kohaniter*, die achtzig *kohanitische* Schwesternpaare geheiratet haben; den achtzig Traktaten der Baraita; Moses' Alter am Tag des Exodus; den achtzigtausend Steinmetzen, die am Bau des Tempels von Jerusalem beteiligt waren; den achtzigtausend Juden, die in der Schlacht von Betar gefallen sind.
In seiner kurzen Interpretation dieses Buchstabens beharrt das *Alphabet des Rabbi Akiba* besonders auf der Wortbedeutung von Pe, nämlich »Mund«, und lässt Gott sagen: »Ich bin es, der ich Mund und Zunge dem ersten Menschen gemacht habe, denn ich habe ihn eingesetzt über alle Weltbewohner wie einen Aufseher, um alle Geschöpfe in der Welt zu befehligen und jedes einzelne mit Namen zu nennen und um Namen einem jeden Geschöpfe zu geben, wie es heißt (Gen 2,19): ,Und alles Leben-Atmende, wie es der Mensch nennen würde, so sollte sein Name sein'.«
Für den *Sefer ha-Temuna* hingegen »kommt die Kraft dieses Buchstabens von der Seite des Meeres [Westen] her, da dies die Seite ist, von der der herkommt, ,dem Gerechtigkeit folgt auf Schritt und Tritt' (Jes 41,2). Die Kraft der Gestalt dieses Buchstabens befindet sich auf dem Behälter des Bundes, da das Zeichen des heiligen Bundes in das Diadem gelegt wurde, und das Reich sitzt in der Lade in einer einzigartigen Vereinigung, wie geschrieben steht: ,Der große Behälter in jenem kleinen'. Von der Kraft dieses Buchstabens hängt die Sphäre Jupiters ab, mit ihren Bahnen, aus denen sie heraustritt und in die sie wieder hineintritt, und mit all ihren Wegen [...]. Zudem entspricht dieser Buchstabe dem Bau der ,Lade des Bundes des Herrn' (Dtn 10,8) in der Kraft der Pracht unseres Gottes, des Gottes der Heerscharen, der zwischen dem Westen und dem Norden ist, gemäß der Lade des Herrn im Reich des Bundes [...]. Die Kraft dieses Buchstabens wird bis zum sechsten Erlassjahr reichen, bis er in Frieden und Ruhm vereint sein und er sich davon nähren und großes Licht empfangen wird, so dass seine Welt voller Freude und Genuss sei«.
Nach Fabre-d'Olivet »gehört dieser Buchstabe als Konsonant in die Reihe der Labiallaute und besitzt zwei völlig verschiedene Artikulationen: Mit der ersten, dem P, steht er dem Buchstaben Bet nah, dessen Verstärkung er ist, mit der zweiten, dem PH hingegen verbindet er sich mit dem Buchstaben Waw, der zu einem Konsonanten geworden ist und V oder F gesprochen wird. Als Symbol steht er für den menschlichen Mund, dem er seine schönste Eigenschaft verleiht, nämlich die, seine Gedanken zu offenbaren.«

PE finalis

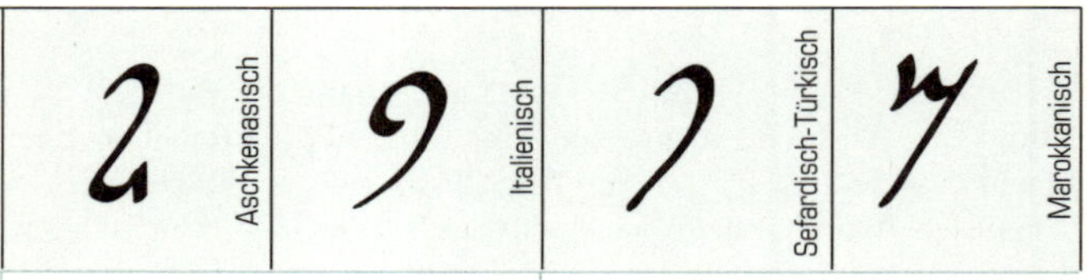

David Modern	Sheeba	Universal Hadassah
Frankreuhl	Solomon	Universal Narkis
Hebkoren	Uni-Frankreuhl	Universal Rashi
Miria	Uni-Purim	Universal Stam
Miria back slanted	Universal Aaron	Universal Stam Letter
Sefer Torah	Universal David	Yafa

FE

Fe (der Buchstabe Pe ohne Punkt in der Mitte). Zusätzlicher Buchstabe; Umschrift und Aussprache: emphatisches, labiales f.

Aschkenasisch	Italienisch	Sefardisch-Türkisch	Marokkanisch

פ	David Modern	פ	Sheeba	פ	Universal Hadassah
פ	Frankreuhl	פ	Solomon	פ	Universal Narkis
פ	Hebkoren	פ	Uni-Frankreuhl	פ	Universal Rashi
פ	Miria	פ	Uni-Purim	פ	Universal Stam
פ	Miria back slanted	פ	Universal Aaron	פ	Universal Stam Letter
פ	Sefer Torah	פ	Universal David	פ	Yafa

ZADE

ZADE, URSPRÜNGLICHE BEDEUTUNG ALS WORT MÖGLICHERWEISE »ANGELHAKEN« oder »TREPPE«
Achtzehnter Buchstabe des hebräischen Alphabets: gepresstes s.
Als Zahlzeichen entspricht er der Zahl Neunzig (*tisch'im*).

צ	David Modern	צ	Sheeba	צ	Universal Hadassah
צ	Frankreuhl	צ	Solomon	צ	Universal Narkis
צ	Hebkoren	צ	Uni-Frankreuhl	צ	Universal Rashi
צ	Miria	צ	Uni-Purim	צ	Universal Stam
צ	Miria back slanted	צ	Universal Aaron	צ	Universal Stam Letter
צ	Sefer Torah	צ	Universal David	צ	Yafa

Das Zade hat die Form eines Jod, dem ein Nun beigefügt ist. Dieses Jod ist unter zwei Aspekten zu betrachten: Es wendet sich nach oben, es wendet sich nach unten.

Zade ist einer der zwölf einfachen Buchstaben und symbolisiert den Stamm Ascher, die *Keter Tora*, die Seligkeit, den Magen, den Geschmackssinn, das Sternbild Wassermann, den Monat Schewat (den fünften Monat des jüdischen Kalenders, der dem Zeitraum Januar-Februar entspricht; am fünfzehnten Tag feiert man das Neujahrsfest der Bäume, *Tu bi Schewat*).

Das Zade symbolisiert die Lebenskraft der Schöpfung, die von Gott zu seinen Kreaturen hinabfließt und von diesen wieder hinauf zu Gott, und zwar sowohl unter dem Aspekt der Form als auch unter dem der Materie. Es ist folglich das Symbol der beiden Weisheiten: der

höheren und der niederen, wobei die niedere die des Gerechten (*Zadik*, der mit eben diesem Buchstaben beginnt) ist, die sich mit der Weisheit des Wortes Gottes verbindet, aus dem es die Lehre zieht. Aus diesem Grund ist der Buchstabe außerdem mit dem Baum verbunden (dem Baum des Lebens, dem *Sefirot*-Baum), dessen Wurzeln in die Erde ragen, aus der er materielle Nahrung zieht, und dessen Krone in den Himmel ragt, aus dem er das Sonnenlicht schöpft.

Als Zahl Neunzig ist Zade Symbol das für jenes Alter, in dem der Mensch sich nunmehr völlig in sich selbst zurückzieht; des Alters Saras, als Isaak geboren wurde; der neunzig Alten, die vor der Bundeslade getanzt haben, als David sie nach Jerusalem gebracht hat, und der neunzig täglichen Amen. Da es mit dem Nun ganz Israel repräsentiert und mit dem Jod den Gerechten (wie einer pro Generation erwartet wird), ist dieser Buchstabe in seiner Gesamtheit Sinnbild für das Bewusstsein von Gott, das ein Mensch erlangen kann.

Nach dem *Alphabet des Rabbi Akiba* liest er sich *zedek*, »Gerechtigkeit. Das ist die Heilsgerechtigkeit des Heiligen – gebenedeit sei er! –, die er mit Fleisch und Blut übt. Das ist Erkenntnis und Weisheit und Einsicht und Öffnung des Mundes und Antwort der Zunge, die er den Menschenkindern gibt, durch welche die ganze Welt Bestand hat. Denn wenn nicht Antwort der Zunge und Öffnung des Mundes wäre, könnte die Welt nicht einmal eine Stunde bestehen.«

Nach dem *Sefer ha-Temuna* »ist dieser Buchstabe auf einem Teil der Bundeslade, aber wir wissen nicht, auf welchem Teil, ob auf dem achten oder dem zehnten. Wenn er auf dem achten ist, dann sind das Jod und das Nun beide in der Form des Ajin vereint; wenn es hingegen auf der zehnten Seite ist, dann bleibt nur das Jod, das Gerechtigkeit bedeutet. Die Kraft seiner Linien entsteht durch das eine im anderen, in der Ganzheit vereint, wie die Meister behauptet haben [...]. Aus diesem Buchstaben gehen die Wege der Sonne hervor, die Bahnen, die sie zieht an den Tagen des Jahres und an den Sabbaten [...]. Und schließlich entstehen aus der Kraft des Buchstabens zwei Laden: die heilige Lade der *Tora* gegenüber der Bundeslade, denn Frieden und Wahrheit sind ein und dasselbe [...]. Dementsprechend kommt aus diesem Buchstaben die Kraft, dank derer das sechste Erlassjahr sich mit der fünfzigsten Tür vereint, um aus ihr Licht und Stärke für die eigene Welt zu ziehen und um aus allen zehn damit verbundenen den Segen, Einflüsse und viel Freude zu erhalten«.

Nach Fabre-d'Olivet »gehört dieser Buchstabe als Konsonant in die Reihe der Zischlaute und stellt lautmalerisch alle Dinge dar, die mit Luft und Wind zu tun haben. Als Symbol stellt er die Zuflucht des Menschen dar und das Ziel, dem er entgegenstrebt. Er ist das Zeichen für Ende, Endpunkt, und bezieht sich auf alle Vorstellungen von Spaltung, von Ende, Auflösung und endgültigem Ziel. Am Anfang eines Wortes deutet er auf die Bewegung hin, die zum Ziel führt, dessen Zeichen er ist; am Ende eines Wortes steht er für das Ziel selbst, das er angestrebt hat.«

ZADE finalis

ץ	David Modern	ץ	Sheeba	ץ	Universal Hadassah
ץ	Frankreuhl	ץ	Solomon	ץ	Universal Narkis
ץ	Hebkoren	ץ	Uni-Frankreuhl	ץ	Universal Rashi
ץ	Miria	ץ	Uni-Purim	ץ	Universal Stam
ץ	Miria back slanted	ץ	Universal Aaron	ץ	Universal Stam Letter
ץ	Sefer Torah	ץ	Universal David	ץ	Yafa

(Fortsetzung von Seite 61)
(9) Auch hat Gott das Eine gegen das Andere gemacht, das Gute gegen das Böse und das Böse gegen das Gute, Gutes aus Gutem und Böses aus Bösem; das Gute unterscheidet das Böse, und das Böse unterscheidet das Gute; Gutes ist aufbewahrt für die Guten, und Böses (ist aufbewahrt) für die Bösen.
(10) Drei, ein jeder steht allein für sich; der Eine beglückt, der Eine beschuldigt und der Eine ist schwebend zwischen beiden. (11) Sieben sind geteilt, drei gegenüber drei, und einer ist schwebend dazwischen; Zwölf stehen im Kampf, drei Freunde und drei Feinde, drei Belebende und drei Tötende.
(12) Drei Freunde: das Herz und die Ohren, drei Feinde: die Galle, die Leber und die Zunge, drei Belebende: die beiden Nasenlöcher und die Milz, drei Tötende: die beiden Löcher und der Mund, und Gott, ein wahrhaftiger König, herrscht über sie alle, aus seiner Heiligenstätte bis in alle Ewigkeit.
(13) Einer über drei, drei über sieben, sieben über zwölf; und sie Alle sind Einer an dem Zweiten geklammert. Ein Zeichen dafür ist: zweiundzwanzig Gegenstände und ein Körper.

(14) (Diese sind die zweiundzwanzig Buchstaben, mit welchen Gott gezeichnet hat, er machte aus ihnen drei Zahlen und schuf aus ihnen seine ganze Welt; er bildete durch sie die ganze Schöpfung und alles, was geschaffen werden soll.) (15) Und als gekommen war Abraham, unser Vater, Friede sei mit ihm, da schaute er, betrachtete, forschte und verstand dies; er hieb und zeichnete, bis er es erlangt hatte, dann offenbarte sich ihm der Herr des Alls, gebenedeit sei sein Name, er setzte ihn auf seinen Schoß und küsste ihn auf das Haupt, und nannte ihn Abraham, seinen Freund; er schloss ein Bündnis mit ihm und seinen Kindern, (denn so heißt es:) er glaubte an Jahwe, dies wurde ihm zur Gerechtigkeit angerechnet. Er setzte das Bündniszeichen zwischen die zehn Finger seiner Hände, dies ist die Zunge, und zwischen die zehn Zehen seiner Füße, dies ist die Beschneidung. Er band ihm die zweiundzwanzig Buchstaben der Tora an die Zunge, und der Heilige, gebenedeit sei er, entdeckte ihm ihr Geheimnis; er ließ sie ziehen im Wasser, brennen im Feuer und rauschen im Wind, er machte sie leuchten in den sieben Sternen und führen in den zwölf Sternbildern.

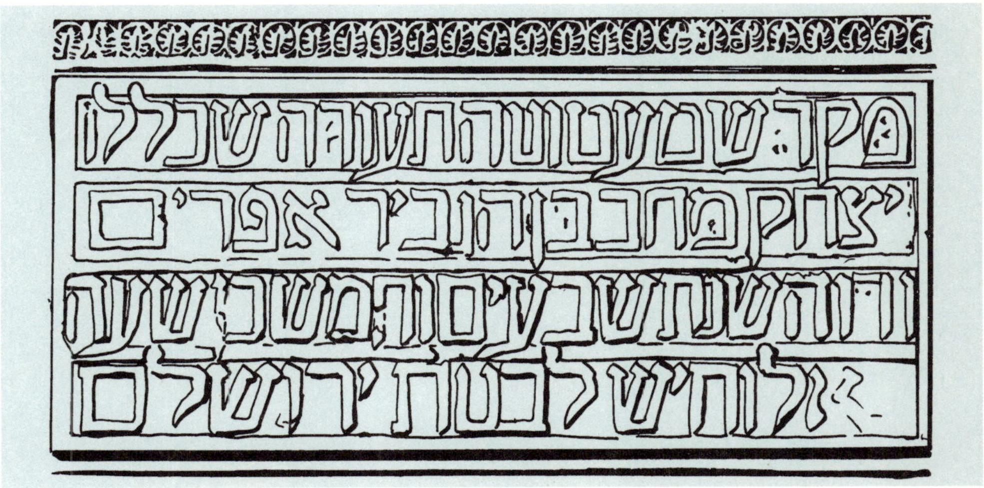

Stuckepigraph an der Wand des *Aron ha-Kodesch* in der Synagoge von Córdoba (Spanien), 1314 im *Mudéjar*-Stil ausgeführt.

KOF

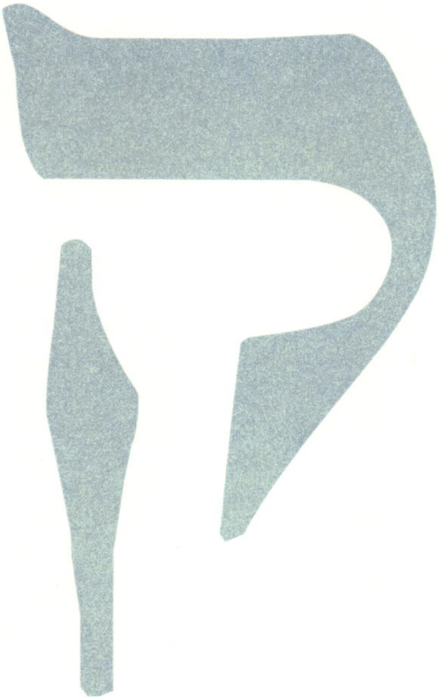

KOF, URSPRÜNGLICHE BEDEUTUNG ALS WORT MÖGLICHERWEISE »NACKEN«, »AFFE« ODER »FEUERSTELLE«.
Neunzehnter Buchstabe des hebräischen Alphabets: k.
Als Zahlzeichen entspricht er der Zahl Hundert (*me'a*).

ק	David Modern	ק	Sheeba	ק	Universal Hadassah
ק	Frankreuhl	ק	Solomon	ק	Universal Narkis
ק	Hebkoren	ק	Uni-Frankreuhl	ק	Universal Rashi
ק	Miria	ק	Uni-Purim	ק	Universal Stam
ק	Miria back slanted	ק	Universal Aaron	ק	Universal Stam Letter
ק	Sefer Torah	ק	Universal David	ק	Yafa

Das Kof hat die Form eines Resch, gefolgt von einem Sajin, das bis unter die Grundlinie herabreicht. Er ist der einzige nicht finale Buchstabe, der sich unter diese Linie hinaus erstreckt.
Er ist einer der zwölf einfachen Buchstaben und symbolisiert den Stamm Naftali, den *keter malchut*, den Willen, die Milz, das Lachen, das Sternbild Fische, den Monat Adar (den sechsten Monat des jüdischen Kalenders, der dem Zeitraum Februar-März entspricht; an seinem vierzehnten Tag wird das Purim-Fest gefeiert).
Er ist der Anfangsbuchstabe von *korban* (Opfer, Holocaust), *kadosch* (Heiliger)und *keduscha* (Heiligkeit). Daher rührt die Idee vom spirituellen Aufstieg, von der Ekstase, die von der Materie trennt und – durch die Aufgabe vergänglicher Triebe – heilig macht. Im Aramäischen bedeutet

Kof »Nadelöhr« – der schmale Pfad, der zu größerem Verständnis des Göttlichen und zur Kontemplation Gottes führt; das, was letztendlich den gewöhnlichen Sterblichen in die Lage versetzt, Wunder zu vollbringen.
Als Zahl Hundert zeugt das Kof von der Vollkommenheit, die dem Quadrat 10 x 10 innewohnt, und erinnert daran, wie alt Abraham war, als sein zweiter Sohn, Isaak, geboren wurde.
Beim *Purim*-Fest wird durch die Lektüre der *Megillat Ester* der weise Mordechai gesegnet (*baruch Mordechai*) und der böse Haman verflucht (*arur Haman*): der Gute und der Böse, der Gerechte und der Ungerechte. Darüber hinaus steht der Buchstabe der Freude (dem Lachen) vor und ist der Anfangsbuchstabe des Wortes Opfer, Holocaust. Hier haben wir also den ideologischen Widerspruch, dem dieser Buchstabe Ausdruck verleiht, in Übereinstimmung mit dem Buch *Tanja*, demzufolge »das Böse der Thron des Guten ist«. In der Tat ist der Mann Gottes »jenseits von Gut und Böse, er ist jenseits von Ungläubigkeit und Glaube«.
Im *Alphabet des Rabbi Akiba* ist der Buchstabe Kof »Mose, der Vater der Weisen, der Vater aller Propheten, der Vater aller Weisen, der vor Pharao alle Worte der Weisheit und alle Worte der Vernunft und alle Worte der Klugheit und der Einsicht und alle Worte der Erkenntnis und alle Worte der Einsicht in siebzig Sprachen zusammenreihte [...]. Und in jeder einzelnen Schrift schrieben 70 Schriftgelehrte in 70 Zungen, und jeder schrieb stehend vor Pharao, dem Frevler.«
Für den *Sefer ha-Temuna* »ist die Form des Kof nach unten hin verlängert und geöffnet, und es steht aufrecht, um Israel Vortrefflichkeit zu lehren, damit es den Bund zu verwirklichen weiß, der allen anderen Völkern verborgen ist [...]. Zwischen zwei Nun, die in der Tat ein einziger Buchstabe sind – von denen einer den Herrn und einer die Kinder Israels darstellt –, finden sich nur die Werktage, während der siebte Tag ein ewiges Zeichen ist [...]. Die Kraft, die der Form dieses Buchstabens innewohnt, ist im ‚Sabbatjahr', denn sie ist der Anfang und das Ende dieses Gebildes und wird von den beiden, in einer einzigen Form vereinten Öffnungen begrenzt. In der Form dieses Buchstabens sind alle Türen enthalten, die Erlassjahre, das Jubeljahr und alle Tage bis zur höchsten Tür, die die Kraft des Salzmeeres hütet, das höchste Jubeljahr, in dem alle Paläste, irdische wie himmlische, enthalten sind, im Geheimnis der hundertfünfzig Stufen [...]. Alles ist im Geheimnis der Form dieses Buchstabens enthalten, in dem sich keine der zehn höchsten findet. Zusammen mit diesen beiden Öffnungen sind alle Türen geschlossen worden, höhere und irdische Zufluchten, die zu der einen vereint sind; jede Emanation ist darin symbolisiert, Grundlage der Vereinigung, die der nunmehr alte Israel seinem Sohn gegeben hat und die sich zwischen Salzmeer und der fünfzigsten Tür befindet, zwischen den beiden Weisheiten, über der Form des Waw, das Säule und Fundament Israels ist, sowohl in der Höhe als auch in der Tiefe.«
Nach Fabre-d'Olivet »ist dieser Buchstabe das vollständig realisierte Kaf«.

RESCH

RESCH, URSPRÜNGLICHE BEDEUTUNG ALS WORT MÖGLICHERWEISE »KOPF« (*ROSCH*).
Zwanzigster Buchstabe des hebräischen Alphabets: r.
Als Zahlzeichen entspricht er der Zahl Zweihundert (*matajim*).

ר	David Modern	ר	Sheeba	ר	Universal Hadassah
ר	Frankreuhl	ר	Solomon	ר	Universal Narkis
ר	Hebkoren	ר	Uni-Frankreuhl	ר	Universal Rashi
ר	Miria	ר	Uni-Purim	ר	Universal Stam
ר	Miria back slanted	ר	Universal Aaron	ר	Universal Stam Letter
ר	Sefer Torah	ר	Universal David	ר	Yafa

Das Resch ist einer der sieben Doppelbuchstaben und stellt Saturn, das rechte Nasenloch, die Dualität Frieden/Krieg und den Freitag dar.
Er hat die Form eines gebeugten Mannes und steht somit für Konformität mit den gesellschaftlichen Normen, für den versklavten, unterworfenen, armen Menschen, für die Erfahrung der Armut, wo sie nicht zu Egoismus führt; doch er symbolisiert auch den Geist, der sich neigt, um die Gedanken zu ordnen. Folglich symbolisiert er das mentale Bewusstsein sowie die Vereinigung der *Kabbala* und der *Halacha*; die Gegenwart des *Schabbat* an den Wochentagen; den ersten Tag von *Rosch ha-Schana*. Diese Symbolik steht im Gegensatz zu *ra'asch*, einem biblischen Wort, das *rosch* ähnelt und »Lärm«, »Beben« bedeutet. Dieser Gegensatz verdeutlicht noch klarer den Wert der Stille für die Meditation, das Gebet, den Gedanken, für alle Handlungen, die »sich im Kopf abspielen«. Nur so können wir zur wahren »Heilung« gelangen: *refua*, ein weiteres Wort, das mit einem Resch beginnt.
Als Zahl Zweihundert ist er mit den zweihundert geistigen Erleuchtungen verbunden, die den Menschen in seinem Leben ereilen, und mit den zweihundert Häuptern der Versammlung des Stammes Issachar.

Das *Alphabet des Rabbi Akiba* analysiert die Stellen der Bibel, in denen auf den Kopf hingewiesen wird. Unter anderem wird darin gesagt, Resch bedeute rosch, Kopf, Anfang: »Das ist der Heilige – gebenedeit sei er! –, denn er ist der Anfang der ganzen Welt und ihr Ende«. Eine andere Erklärung lautet: »Unter Resch ist nur das Wort des Heiligen – gebenedeit sei er! – zu verstehen [...]. Eine andere Erklärung. Resch. Unter Resch ist nicht anderes als *migdal*, Turm zu verstehen, den die Kinder des Zeitalters der Zerstreuung erbauten, dessen Spitze (*roscho*) bis an die Himmel reichte.« Weiterhin wird Resch mit Nebukadnezar identifiziert, »wie es heißt (Dan 2,38): ‚Du bist es, dessen Haupt (*rescha*) von Gold ist'.« Und weiter: »Unter Resch, Anfang, ist nichts anderes als das Königreich Babel zu verstehen, wie es heißt (Gen 10,10): ‚Und der Anfang (die Hauptstadt, *reschit*) seines Königreiches war Babel. Eine andere Erklärung: Unter Resch, Haupt, ist nichts anderes als Krankheit und Wunde (*choli umakka*) zu verstehen [...]. Eine andere Erklärung. Resch. Unter Resch, Haupt, ist nichts anderes als Israel zu verstehen, welches der Heilige – gebenedeit sei er! – zum Haupte für alle Völker gegeben hat, wie es heißt (Dtn 28,13). ‚Und der Ewige wird dich machen zum Haupte und zum Schwanze.'«
Für den *Sefer ha-Temuna* »besteht die Form des Resch aus nur einem Buchstaben, und ist mit keinem anderen verbunden. In der Tat stellt es den Anfang des höchsten Erbes dar; die erste Form, das erste Licht, den Thron der Herrlichkeit, den ersten Platz des Reiches. In ihm ist die heilige Quelle enthalten, das Fundament der Sefira, da sie die Grenze und die Quelle des Lichts darstellt [...]. Die Kraft dieses Buchstabens birgt das dunkle Geheimnis einer höheren Welt, welche bei Beginn der Emanation das Erbe der höheren Seelen bilden wird«.
Nach Fabre-d'Olivet »gehört dieser Buchstabe als Konsonant in die Reihe der Linguallaute. Als Symbol steht er für den menschlichen Kopf, die determinierende Bewegung des Menschen, seinen Gang. Nach Böhme hat der Buchstabe R seinen Ursprung in der feurigen Eigenschaft der Natur. Er ist das Sinnbild des Feuers. Dieser Mann, der, gänzlich ohne wissenschaftlichen Hintergrund, oft in einer Weise geschrieben hat, die selbst die Gelehrtesten überrascht hat, versichert in seinem Buch ‚Vom dreifachen Leben des Menschen', dass jeder vokalische oder konsonantische Ablaut eine besondere Form der zentralen Natur ist. ‚Selbst wenn das Wort', sagt er, ihn durch Transposition variiert, so hat dennoch jeder Buchstabe einen Ursprung und ein Zentrum in der Natur. Dieser Ursprung ist wunderbar, und die Sinne können ihn lediglich mit der Intelligenz erfassen'. Als grammatikalisches Zeichen ist dieser Buchstabe in der hebräischen Sprache das Zeichen jeder Bewegung, ob gut oder böse.«

SCHIN

SCHIN (SIEHE DIE BEIDEN FOLGENDEN BUCHSTABEN), URSPRÜNGLICHE BEDEUTUNG ALS WORT »ZAHN« (*SCHEN*).
Einundzwanzigster Buchstabe des hebräischen Alphabets: sch/s.
Als Zahlzeichen entspricht er der Zahl Dreihundert (*schelosch me'ot*).

ש	David Modern	ש	Sheeba	ש	Universal Hadassah
ש	Frankreuhl	ש	Solomon	ש	Universal Narkis
ש	Hebkoren	ש	Uni-Frankreuhl	ש	Universal Rashi
ש	Miria	ש	Uni-Purim	ש	Universal Stam
ש	Miria back slanted	ש	Universal Aaron	ש	Universal Stam Letter
ש	Sefer Torah	ש	Universal David	ש	Yafa

Dieser Buchstabe ist aus drei Waw gebildet, die alle von einer gemeinsamen Basis ausgehen und von denen jedes ein Jod an der Spitze hat. Daher die Symbolik der Symmetrie und der Flamme. Von den drei Mutterbuchstaben ist er in der Tat der, der das Feuer darstellt. Mit seiner symmetrischen Form verstärkt er die Vorstellung von Stabilität und Harmonie der Natur. Die drei Waw erinnern an die drei Patriarchen und auch an das Tripel *Kohanim*, Leviten und Israeliten.

Als Symbol des Feuers stellt Schin die Kraft der *Tora*, die göttliche Macht, die aufbrechende Kraft der Wahrheit dar, und jenes Feuer, das im Verschlingen des unbefleckten Opfers Symbol für die Materialität ist, die von der Liebe zu Gott verzehrt wird.

Als Zahl Dreihundert erinnert der Buchstabe unter anderem an die dreihundert Füchse, die ausgesandt wurden, die Lager der Philister niederzubrennen; die dreihundert Pfeile, die König *Joschijahu* den Tod brachten; die dreihundert Jahre – in der Zeit der Richter –, in denen die Juden ihren Götzenbildern huldigten; die dreihundert Soldaten von Gideon.

Er ist der Anfangsbuchstabe vieler sinnbildlicher Wörter: *schalom* (Friede), *scheket* (Stille), *schalwa* (Seelenruhe, innere Ruhe), *simcha* (Freude), *schira* (Gesang). Er ist also der Buchstabe des spirituellen Aufstiegs, der Harmonie unter den Menschen, des inneren Friedens. Vor allem ist er der Anfangsbuchstabe des Verses »*Schema Jisrael*« (Höre, Israel! Der Herr, unser Gott, der Herr ist einzig. Dtn 6,4).

Das *Alphabet des Rabbi Akiba* identifiziert Schin mit den Zähnen der Gottlosen. »Gleichwie das Schin drei Zweige hat, so zerbricht der Heilige – gebenedeit sei er! – die Zähne der Frevler dreimal, wie es heißt (Ps 3,8): ‚Auf, Ewiger, hilf mir, mein Gott! Denn du schlägst alle meine Feinde auf die Backen, die Zähne der Frevler zerbrichst du.' Und nicht nur das, sondern dereinst in den Tagen des Messias werden die Zähne derer, welche die Israeliten verzehren (essen), 22 Ellen aus ihrem Munde herausgehen [...]. Eine andere Erklärung. Schin hat drei Zweige, gegenüber den drei Welten, in denen der Mensch wohnt: diese Welt, die Tage des Messias und die Welt, die da kommt. Oder gegenüber von Geist und Seele und Körper, an die der Mensch gehängt ist. Oder gegenüber den drei Heiligkeiten, welche in der Welt sind. Diese sind die Heiligkeit des Heiligen – gebenedeit sei er! –, die Heiligkeit des Sabbats und die Heiligkeit Israels.«

Nach dem *Sefer ha-Temuna* »hat der Buchstabe Schin eine erhabene Form, er ist das Siegel der Väter. In ihm hat die Kraft, die ‚hinterer Teil' genannt wird, ihren Sitz. In ihm fließen die Gebetsriemen zusammen [...]. Und so verweist der Buchstabe Schin auf die drei Väter, die gemeinsam den göttlichen Wagen bilden. Das Geheimnis besteht darin, dass in Abraham zehn Kräfte sind, die von den zehn *Sefirot* und den zehn Prüfungen symbolisiert werden; in Isaak sind sieben Kräfte, symbolisiert von seinem Sabbat; in Jakob sind acht Kräfte, und er besteht aus allen, aus allen Farben und aus dem ganzen Gefüge, denn Jakob hat Weihrauch und Aaron verteilt ihn [...]. Der Buchstabe hatte einst vier Köpfe; und nun hat er nur noch drei. Es handelt sich um eine schreckliche Kraft, in Prunk und Zier gekleidet, aus denen vortreffliche Kleider und ungeheure, schreckliche Kräfte hervorgehen, heilige, reine und klare Emanationen, Essenzen und Erlassjahre, die alle in einen einzigen göttlichen Wagen eingeschlossen sind, in einer einzigen Form, verborgen und versiegelt, deren Ort voller Lichter ist [...]. Durch die Form dieses Buchstabens, durch seine Kraft, begreifen wir, wie die heiligen Dinge miteinander verbunden werden, in der Einheit der Emanation«.

Nach Fabre-d'Olivet »gehört dieser Buchstabe als Konsonant in die Reihe der Zischlaute, und malt lautmalerisch die leichten Bewegungen, die andauernden und süßen Klänge nach. Als Symbol stellt er den Teil des Bogens dar, von dem der Pfeil mit einem Pfeifen abgeschossen wird. Im Hebräischen ist er das Zeichen der Dauer dieses Abschießens und der entsprechenden Bewegung. Er kommt vom vokalischen Klang des Jod, das zu einem Konsonanten geworden ist und *dsch* ausgesprochen wird.«

SCHIN

SCHIN (ein Schin mit einem Punkt oben rechts). Umschrift und Aussprache: sch.

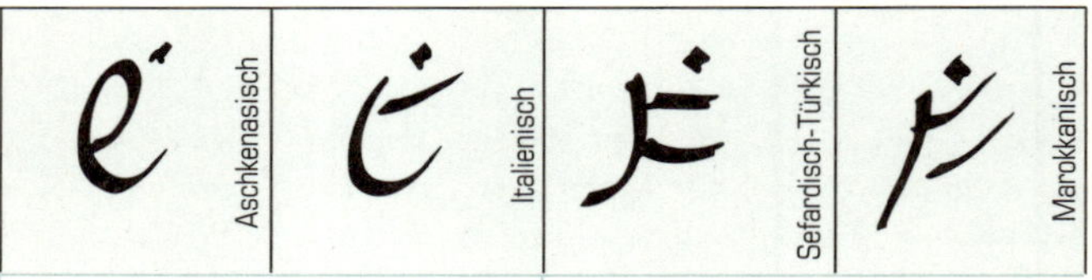

David Modern	Sheeba	Universal Hadassah
Frankreuhl	Solomon	Universal Narkis
Hebkoren	Uni-Frankreuhl	Universal Rashi
Miria	Uni-Purim	Universal Stam
Miria back slanted	Universal Aaron	Universal Stam Letter
Sefer Torah	Universal David	Yafa

SIN

SIN (ein Schin mit einem Punkt oben links). Umschrift und Aussprache: s.

Aschkenasisch	Italienisch	Sefardisch-Türkisch	Marokkanisch

ZEICHEN

שׂ	David Modern	שׂ	Sheeba	שׂ	Universal Hadassah
שׂ	Frankreuhl	שׂ	Solomon	שׂ	Universal Narkis
שׂ	Hebkoren	שׂ	Uni-Frankreuhl	שׂ	Universal Rashi
שׂ	Miria	שׂ	Uni-Purim	שׂ	Universal Stam
שׂ	Miria back slanted	שׂ	Universal Aaron	שׂ	Universal Stam Letter
שׂ	Sefer Torah	שׂ	Universal David	שׂ	Yafa

TAW

TAW, URSPRÜNGLICHE BEDEUTUNG ALS WORT MÖGLICHERWEISE »KREUZ«, »MERKMAL« ODER »ABDRUCK«.
Zweiundzwanzigster Buchstabe des hebräischen Alphabets: t.
Als Zahlzeichen entspricht er der Zahl Vierhundert (*arba me'ot*).

ת	David Modern	ת	Sheeba	ת	Universal Hadassah
ת	Frankreuhl	ת	Solomon	ת	Universal Narkis
ת	Hebkoren	ת	Uni-Frankreuhl	ת	Universal Rashi
ת	Miria	ת	Uni-Purim	ת	Universal Stam
ת	Miria back slanted	ת	Universal Aaron	ת	Universal Stam Letter
ת	Sefer Torah	ת	Universal David	ת	Yafa

Der letzte Buchstabe des hebräischen Alphabets hat die Form eines mit einem Nun vereinten Dalet.

Er ist einer der sieben Doppelbuchstaben und symbolisiert Jupiter, den Mund, die Dualität Schönheit/Hässlichkeit und den Sabbat. Er symbolisiert die ursprünglichen Spuren in der Erscheinungswelt, die Spur, die eine Person im Laufe ihres Lebens hinterlassen hat; und – für die Juden, die an Reinkarnation glauben – die Spuren der vorausgegangenen Leben. Er ist der Abdruck Gottes auf der Stirn des Juden, das Zeichen, das er auf Kains Stirn hinterlassen hat; das unveränderliche Zeichen der Gerechtigkeit.

Als Zahl Vierhundert ist dieser Buchstabe unter anderem mit den vierhundert Männern Esaus, den vierhundert Davids, den vierhundert Jahren des Exils in Ägypten verbunden, mit den vierhundert Silbermünzen, mit denen Abraham die Höhle von Machpela bezahlt hat, in der er Sara bestattete.

Als Anfangsbuchstabe der Begriffe *tefilla* (Gebet), *teschuwa* (Rückkehr [zu Gott], Einsicht) und *tikun* (Korrektur), ist er mit all dem verbunden, was es der Seele (*nefesch*) erlaubt, sich selbst wieder zu finden, ihre Zugehörigkeit zur spirituellen Welt zu erkennen.

Nach dem *Alphabet des Rabbi Akiba* liest er sich nicht Taw sondern vielmehr *ta'aw*: »Das ist die Begierde [...] von Fleisch und Blut, die er begehrt (empfindet) in dieser Welt an jedem Tage nach jeder Sache. [...] Gewöhnlich war es im Munde R. Abba zu sagen: ‚Das Ende des Menschen ist: zu sterben.' Das Ende des Viehs ist: zur Schlachtung. Alle stehen zum Sterben. Heil dem, der sich mit der Tora bemüht und seinem Bildner Gemütsbesänftigung verschafft (tut) und groß wird mit einem guten Namen und von der Welt scheidet mit einem guten Namen. Über den sagt die Schrift (Koh 7,1): ‚Besser ein guter Name als gutes Öl und der Tag des Todes (besser) als der Tag seiner Geburt'.«

Für den *Sefer ha-Temuna* »ist das Taw die Kraft, die über das Wort ‚Gott' [*Elohim*] regiert, denn aus seiner Fußsohle steigen sechs zerstörerische Engel; es ist ein auf den Kopf gestelltes Waw, um mit roter Tinte zu zerstören, denn dieser Buchstabe steht am Ende. Er steht auch am Ende des Siegels *emet* [Wahrheit]. In diesem Zusammenhang haben unsere verehrten Meister den Unterschied zwischen Taw und all den anderen Buchstaben erklärt. Seine Kraft liegt in der Tat in seiner Form [...]. Die Kraft dieser Form entfaltet sich im Attribut *Elohim*, in der *Sefira*, die *Elohim* genannt wird, wenn diese mit Strenge vorgeht, was das Erlassjahr betrifft [...], und all diese Formen verbinden sich in ihrer gemeinsamen Mutter, die zur Mutter jeder verborgenen, höheren, immanenten Kraft wird [...]. In Wahrheit ist die Form der Buchstaben bekleidet oder unbekleidet, solange sie nicht von Gottes Hand geschrieben werden; solange die Tora nicht mit schwarzem Feuer auf weißem Feuer geschrieben wird; solange sie nicht zweiundzwanzig vereinte, zusammengesetzte, schreckliche Formen in achtundvierzig Zeichnungen bilden, in der Kraft des Salzmeeres. So werden sich unerschütterliche und schreckliche Säulen bilden, die zwischen allen Dingen stehen: neunundvierzig schreckliche Kräfte im Geheimnis des Werkes [...]. Der Wille ist in der Tat *elohut* [Göttlichkeit], und wenn er seine Absicht ändert, verwandelt das Taw sich in Tet [das dann Zerstörung bedeutet], denn sie drücken beide ein und denselben Willen aus, da sie zu den Teilen des schrecklichen und erhabenen Körpers gehören und in der Emanation vereint sind«.

Nach Fabre-d'Olivet »gehört dieser Buchstabe als Konsonant in die Reihe der Zischlaute. Als grammatikalisches Zeichen symbolisiert er in der hebräischen Sprache Sympathie und Gegenseitigkeit, und verbindet mit dem Reichtum des Buchstabens Dalet und der Widerstands- und Schutzkraft des Buchstabens Tet die Vorstellung von Vollkommenheit und Notwendigkeit, deren Sinnbild er ist.«

THAW

Thaw (der Buchstabe Taw ohne Punkt in der Mitte).
Zusätzlicher Buchstabe; Umschrift und Aussprache: emphatisches, dentales th

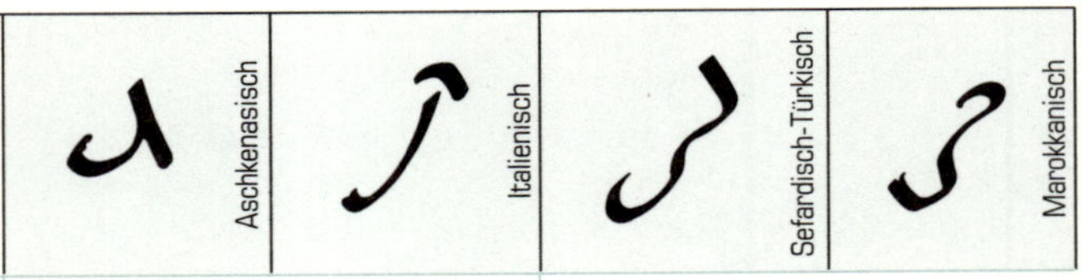

ת	David Modern	ת	Sheeba	ת	Universal Hadassah
ת	Frankreuhl	ת	Solomon	ת	Universal Narkis
ת	Hebkoren	ת	Uni-Frankreuhl	ת	Universal Rashi
ת	Miria	ת	Uni-Purim	ת	Universal Stam
ת	Miria back slanted	ת	Universal Aaron	ת	Universal Stam Letter
ת	Sefer Torah	ת	Universal David	ת	Yafa

GIMEL

Palatales dsch, wie in Giorgio

SAJIN

Französisches j, wie in Jean

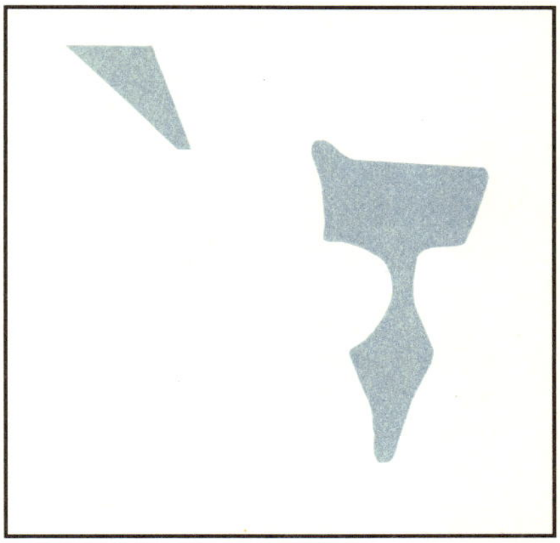

ZADE

Palatales tsch, wie in Chicago

Die drei von einem Akzent gefolgten Buchstaben Gimel, Sajin und Zade werden zur Transkription von Lauten in Fremdwörtern, vor allem von Eigennamen, benutzt.

DIE VOKALE UND DIAKRITISCHE ZEICHEN

Ursprünglich wurden in den semitischen Sprachen nur die Konsonanten geschrieben. Das gilt cum grano salis auch für die hebräische Schrift – man denke an die gelegentlich als Vokale fungierenden Buchstaben He, Waw und Jod, die so genannten *»matres lectionis«*, aber auch an das quieszierende Alef. Erst als Hebräisch nicht mehr gesprochen wurde und später – nach der Zeitenwende – unter anderem das Bedürfnis wuchs, die Aussprache der hebräischen Bibeltexte bei der synagogalen Lesung eindeutig und einheitlich festzulegen, wurden den hebräischen Buchstaben Vokalisationszeichen hinzugefügt.
Mit dem palästinischen, dem tiberiensischen und dem babylonischen wurden wohl ab dem 8. Jh. n. Chr. drei grundlegende Vokalisationssysteme für die Aussprache des biblischen Hebräisch entwickelt. Das tiberensische System hat sich als das kompletteste dieser Systeme schließlich durchgesetzt.
Zumindest partiell traf man bei der Punktation genannten Vokalisation auf Wörter in der Hebräischen Bibel, die schon im Konsonantentext mit Vokalen, eben den matres lectionis, versehen waren. Werden bei einem Wort Vokalzeichen unter diese matres lectionis gesetzt, wird das *scriptio plena* (vollständige Schreibung) genannt. Wo die matres lectionis beim selben Wort nicht vorliegen, spricht man von *scriptio defectiva* (unvollständige Schreibung).
Bei den Vokalen wurden lange und kurze Vokale und schließlich ganz kurze, so genannte Murmelvokale, unterschieden. Diese Differenzierung hat sich mit der Zeit für die kurzen und ganz kurzen Vokale verflüchtigt.
Trotz ihrer Ausführlichkeit ist die folgende Aufstellung nicht erschöpfend (es gibt noch eine ganze Reihe Ausnahmen), Folgendes ist zu beachten:

- dass *Kamez* (»a«) und *Kamez chatuf* (»o«) durch das gleiche Zeichen angezeigt werden. Dieses Zeichen wird »a« gelesen, wenn es in einer offenen Silbe steht: *da-war* (Silben, die auf einen Vokal enden, sind offen; enden sie auf einem Konsonanten, sind sie geschlossen), man liest »o«, wenn das *Kamez* in einer geschlossenen Silbe auftaucht: *choch-mah*, oder in einer tonlosen Silbe (*Jorow-am, No-omi*) oder in der ersten Silbe der beiden Wörter *kodaschim* und *schoraschim*;
- dass alle Konsonanten von einem Vokal gefolgt werden, mit Ausnahme der finalen Konsonanten (folglich fangen alle hebräischen Vokabeln mit einem Konsonanten an);
- dass die Vokale in den meisten Fällen unter den Konsonanten stehen und nach ihnen gesprochen werden;
- dass zuweilen *Patach* (»a«) etwas nach rechts verschoben unter den mit einem Punkt (*Mappik*) versehenen Buchstaben He sowie Ajin und Chet gesetzt wird; dieses *Patach furtivum* signalisiert, dass der Vokal vor dem Konsonanten zu sprechen ist;
- dass *Cholem* links über den Konsonanten gesetzt wird, doch falls ein Alef folgt, setzt man es auf dessen rechte Seite;
- dass *Cholem* über den Buchstaben Schin/Sin entfällt, wenn es dem Konsonanten vorausgeht/folgt (*mosche; sone*); dennoch wird er in einigen Fällen gesetzt, um Zweideutigkeit zu vermeiden (*schomea; nose*);

Schließlich gibt es noch weitere diakritische Zeichen:
Schewa simplex, *Schewa* compositum, *Dagesch, Mappik* und *Makkef.*
ְ Das *Schewa* kann einfach (*Schewa* simplex) (1) oder zusammengesetzt

Die Zeichen und Namen der Langvokale sind:

ָ (*Kamez*)

ֵ יֵ ֵ (*Zere*): e

יִ ִ (*Chirek*): i

ֹ וֹ (*Cholem*): o

וּ (*Schurek*): u

Die Zeichen und Namen der Kurzvokale sind:

ַ (*Patach*): a

ֶ (*Segol*): e

ִ (*Chireq*): i

ָ (*Kamez chatuf*): o

ֻ (*Kibbuz*): u

(*Schewa* compositum) (2) sein.
Das *Schewa* simplex besteht lediglich aus zwei vertikal untereinander unter den Konsonanten gesetzten Punkten. Dieses *Schewa* kann ein *Schewa* quiescens (a) oder Schewa mobile (b) sein sein.
a) Das *Schewa* quiescens wird angezeigt, aber nicht gesprochen (folglich wird es in der Transkription nicht geschrieben). Es befindet sich unter einem Konsonanten, dem ein kurzer Vokal vorausgeht (Beispiel: *mid-bar*, Wüste), oder unter dem Kaf finalis, wenn dieses kein *Kamez* hat (Beispiel: *melech*, König).
b) das *Schewa* mobile spricht sich wie ein extrem kurzes e. In wissenschaftlichen Texten wird es ^{e} geschrieben. Für gewöhnlich handelt es sich um einen Vokal, der sich durch die Beugung der Nomina und Verben abgeschwächt hat oder völlig verschwunden ist (zum Beispiel spricht sich *dawar*, Wort, im Plural *d*^{e}*warim*, und das hier in Rede stehende *Schewa* *Sch*^{e}*wa*, weshalb es in der Regel mit *Schwa* wiedergegeben wird).
Das *Schewa* mobile finden wir unter einem Konsonanten, dem ein langer Vokal vorausgeht, welcher oft (vor allem, wenn es sich um ein *Kamez* handelt) links unten mit einem weiteren vertikalen Strich versehen ist, einem so genannten *Meteg*. So spricht man zum Beispiel *kat*^{e}*lu*, sie töteten.
Das *Schewa* ist immer mobile:

- am Anfang eines Wortes (*b*^{e}*rit*, Bund);
- hinter einem anderen *Schewa* (*jischl*^{e}*chu*, sie werden schicken);
- unter einem Doppelkonsonanten, und zwar wenn dieser mit einem *Dag*^{e}*sch forte* versehen ist (*schil-l*^{e}*chu*, sie sandten);
- unter einem finalen Konsonanten (*katalt*^{e}, du tötetest [f.]; *att*^{e}, du [f.]).

(2) Das zusammengesetzte *Schewa* besteht aus den beiden vertikal angeordneten Punkten plus – zu seiner Linken – den Vokalen a, e, o (sie heißen dann *Chatef patach, Chatef segol, Chatef kamez* ֲ ֱ ֳ), und sind als reduzierte oder Murmelvokale zu betrachten.

Das *Dagesch* ist ein Punkt im Inneren des Konsonanten. Man unterscheidet zwischen *Dagesch lene* (1) und *Dagesch forte* (2).
(1) das *Dagesch lene* sitzt im Inneren der Buchstaben Bet, Gimel, Dalet, Kaf, Pe, Taw und zeigt an, dass diese explosiv (hart) gesprochen werden. Diese Buchstaben werden unter dem Merkwort *begadkefat* zusammengefasst.
(2) das *Dagesch forte* wird bei fast allen Konsonanten benutzt (einschließlich der *begadkefat*) und dient dazu, ihre Verdoppelung anzuzeigen.
Es gilt zu beachten, dass die gutturalen Konsonanten (Alef, He, Chet, Ajin) nie ein *Dagesch* annehmen.
Zuweilen wird das *Dagesch forte* nicht angezeigt. In einem solchen Fall versteht man die Verdoppelung als implizit.
In den *begadkefat*-Buchstaben gilt der Punkt im Inneren der Buchstaben als *Dagesch lene*, wenn ihm kein Vokal oder Halbvokal vorausgeht. Folglich haben wir: *malka* (Königin) und *Babel*, aber *gibbor* (stark) und *abbir* (mächtig).
Der *Mappik* ist ein Punkt (äußerlich mit dem *Dagesch* identisch), der in das vokallose He in Endstellung gesetzt wird, um anzuzeigen, dass es vollen konsonantischen Wert hat und keine *mater lectionis* ist.
Der *Makkef* ist lediglich ein grafisches Zeichen, das gesetzt wird, um zwei Wörter zu verbinden. Der vorausgehende Begriff verliert seinen Akzent und bildet mit dem nachfolgenden phonetisch ein Wort.

מִדְבָּר
midbar, *Wüste*

מֶלֶךְ
melech, *König*

דָּבָר
dawar, *Wort*

דְּבָרִים
dewarim

קָטְלוּ
katelu, sie töteten

בְּרִית
berit, Bund

יִשְׁלְחוּ
jischlechu, sie schickten

שִׁלְּחוּ
schillechu, sie sandten

קָטַלְתְּ
katalte, du tötetest (f.)

אַתְּ
atte, du (f.)

DER AKZENT

Im Hebräischen existieren weitere masoretische oder grafische Zeichen, die benutzt werden, um den Betonungsakzent, die Interpunktion und die richtige Vortragsweise des Textes anzuzeigen. Diese Zeichen deuten an, welche Phrasen eines Satzes zusammengehören, geben damit Hinweise für die Lesung des Textes, aber auch für den musikalischen Vortrag.
Hier die wichtigsten:
Trennungsakzente (Accentus distinctivi), die zur Bezeichnung von Tonakzenten und Pausen im Vortrag benutzt werden:

Silluk. Er steht unter der Tonsilbe des letzten Wortes eines Verses. Er gleicht dem *Meteg*, der jedoch nie unter einer betonten Silbe steht.

Sof pasuk. Er folgt dem *silluk*, und zusammen bilden sie den Punkt der deutschen Sprache.

Atnach. Unter der Tonsilbe des letzten Wortes des ersten Teiles eines Verses zeigt er eine kurze Pause an. Er entspricht dem Semikolon im Deutschen.

Rewia. Er steht über der Tonsilbe des letzten Wortes eines untergeordneten Satzes und entspricht dem Komma im Deutschen.

Sakef gadol. Wie der vorausgehende Akzent.

Sakef katon. Wie der vorausgehende Akzent.

Segolta. Postpositivakzent. Fungiert nicht als Tonakzent.

Schalschelet.

Tifcha.

Sarka. Postpositivakzent. Fungiert nicht als Tonakzent.

Paschta. Postpositivakzent. Fungiert nicht als Tonakzent.

Jetiw. Präpositivakzent. Wird bei einsilbigen Wörtern benutzt, und wenn der Tonakzent auf der ersten Silbe ist.

Geresch (*Teres*)

Tewir.

Garschajim.

Paser.

Paser gadol.

Telischa gadol. Präpositivakzent.

Legarmeh. Wie der *Munach*, unterscheidet sich jedoch von diesem durch den nachgestellten vertikalen Strich.

Verbindungsakzente (Accentus coniunctivi), die anzeigen, dass ein Wort mit dem nächsten verbunden werden soll:

Munach. Verbindet beim Lesen ein Wort mit dem nächsten.

Merecha. Wie der vorausgehende Akzent.

Merecha kefula.

Mahpach (*mehuppach*).

Darga.

Asla.

Telischa katon. Postpositivakzent.

Galgal (Jerach)

Majela.

Die verschiedenen Vokalisationssysteme:

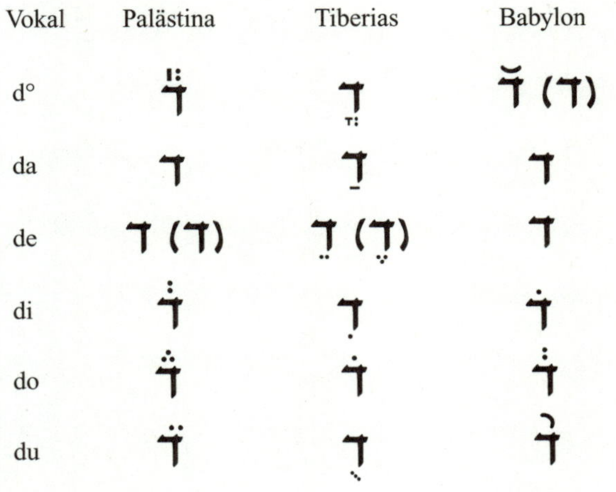

DAS HEBRÄISCHE ALPHABET UND DIE ZAHLEN

Das Hebräische kennt keine Ziffern, um die Zahlen anzuzeigen, sondern bedient sich dafür der Buchstaben des Alphabets. Die ersten neun Buchstaben stehen für die Zahlen von Eins bis Neun; die nächsten neun für die Zehner, respektive von Zehn bis Neunzig; die letzten vier Buchstaben bilden die ersten vier Hunderter. Darin folgt das hebräische Alphabet exakt dem phönizischen, aus dem es (über das Aramäische) abstammt.
Nachfolgend eine Übersicht über die hebräischen Zahlen:

כ	י	ט	ח	ז	ו	ה	ד	ג	ב	א
20	10	9	8	7	6	5	4	3	2	1
ת	ש	ר	ק	צ	פ	ע	ס	נ	מ	ל
400	300	200	100	90	80	70	60	50	40	30

Um eine zusammengesetzte Zahl unter Tausend zu schreiben, beginnt man mit der höchsten Zahl (üblicherweise von rechts nach links). Um Zahlen über 400 zu schreiben, werden nach dem Taw (400) zusätzliche Werte geschrieben, die miteinander summiert werden.
Nicht zu vergessen, dass die jüdische Zeitrechung mit dem Datum beginnt, das im gregorianischen Kalender dem 7. Oktober 3761 v. Chr. entspricht, dem ersten Schöpfungstag. Es ist zulässig, bei der Schreibung des Datums die Tausender weglassen (zum Beispiel: 761 anstatt 5761), so wie man im gregorianischen Kalender ’99 statt 1999 schreiben kann.

תק	תר	תש	תת	תתק
100+400=500	200+400=600	300+400=700	400+400=800	100+400+400=900

Zur Schreibung der Tausender werden die entsprechenden Buchstaben der Einer, Zehner und Hunderter mit zwei Punkten gekrönt:

א̈ < א	ב̈ < ב	מ̈ < מ
1.000 ← 1	2.000 ← 2	40.000 ← 40

Eine Ausnahme von der Regel: In der kabbalistischen Praxis werden die Zahlen 500, 600, 700, 800 und 900 auch mit den Finalformen der Buchstaben Kaf, Mem, Nun, Pe und Zade wiedergegeben:

ך	ם	ן	ף	ץ
500	600	700	800	900

Wenn eine Zahl von nur einem Buchstaben dargestellt wird, wird dieser für gewöhnlich von einem kleinen, von rechts oben nach links unten geneigten Akzent gefolgt, der sich links oben über dem Buchstaben befindet.
Wird die Zahl von zwei oder mehr Buchstaben dargestellt, wird dieser Akzent verdoppelt und neben den vorletzten Buchstaben gesetzt.

Im Laufe der Jahrhunderte wurden jedoch zwei weitere Kunstgriffe angewandt: Unter oder über jeden Buchstaben wurde ein Punkt oder ein anderweitiges Hervorhebungszeichen gesetzt. Natürlich wurde diese klare Ordnung durch Irrtümer, anderweitige Deutungen, lokale Gewohnheiten und andere Unregelmäßigkeiten zuweilen durcheinander gebracht.
Beispielsweise vermeidet man aus religiöser Ehrfurcht, die Zahl 15 durch die Buchstaben Jod und He (die auch die Abkürzung für JHWH, den Namen Jahwe, sind) darzustellen und zieht stattdessen die Kombination Tet (9) und Waw (6) vor; auch für die Zahl 16, Jod und Waw (ebenfalls eine Abkürzung für JHWH), zieht man zuweilen die Kombination Tet (9) und Sajin (7) vor. Wenn jüdische Astronomen Texte muslimischer Astronomen übersetzten, benutzten sie zur Bezeichnung von Graden ein spezielles (nicht alphabetisches) Zeichen für die Null, insbesondere für die »Sexagesimalnull«.
Noch eine Bemerkung zur Bestimmung des Datums: Im jüdischen Kalender (einem kombinierten Sonnen-Mondkalender) werden die Jahre seit der Schöpfung angegeben. Der erste Schöpfungstag wurde im Mittelalter auf den 7. Oktober 3761 v. Chr. festlegt, ein Datum, das heute immer noch – zumindest für den Kalender – seine Gültigkeit hat. Zum Beispiel entspricht das Jahr 2003 der christlichen Zeitrechnung den jüdischen Jahren 5763/5764, wobei das Jahr 5764 am Samstag, dem 27. September 2003 beginnt.

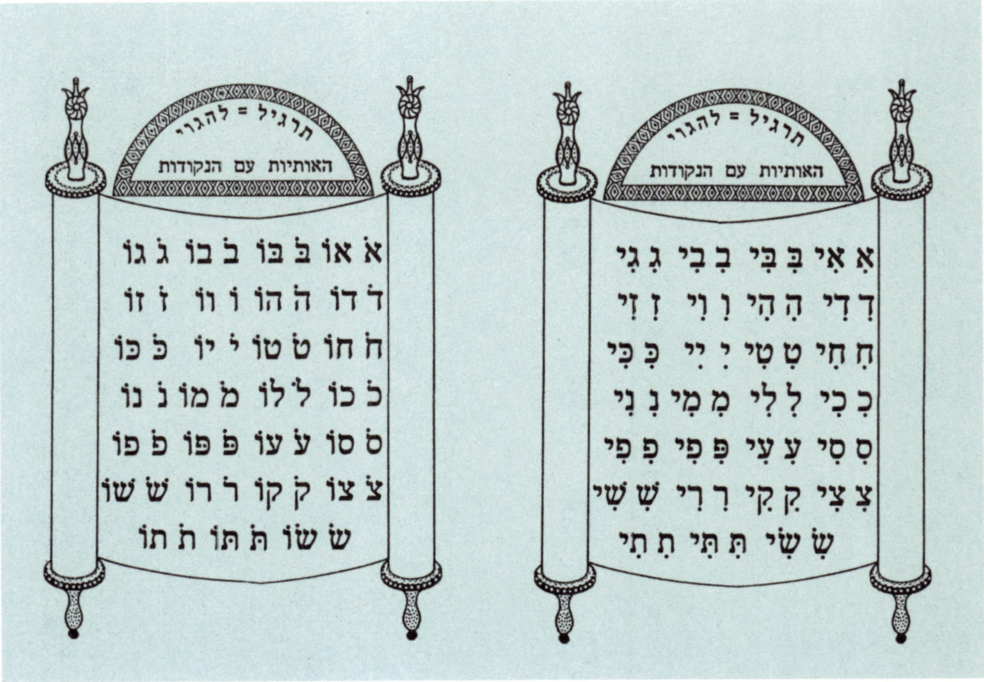

BRAILLE-ALPHABET (BLINDENSCHRIFT)

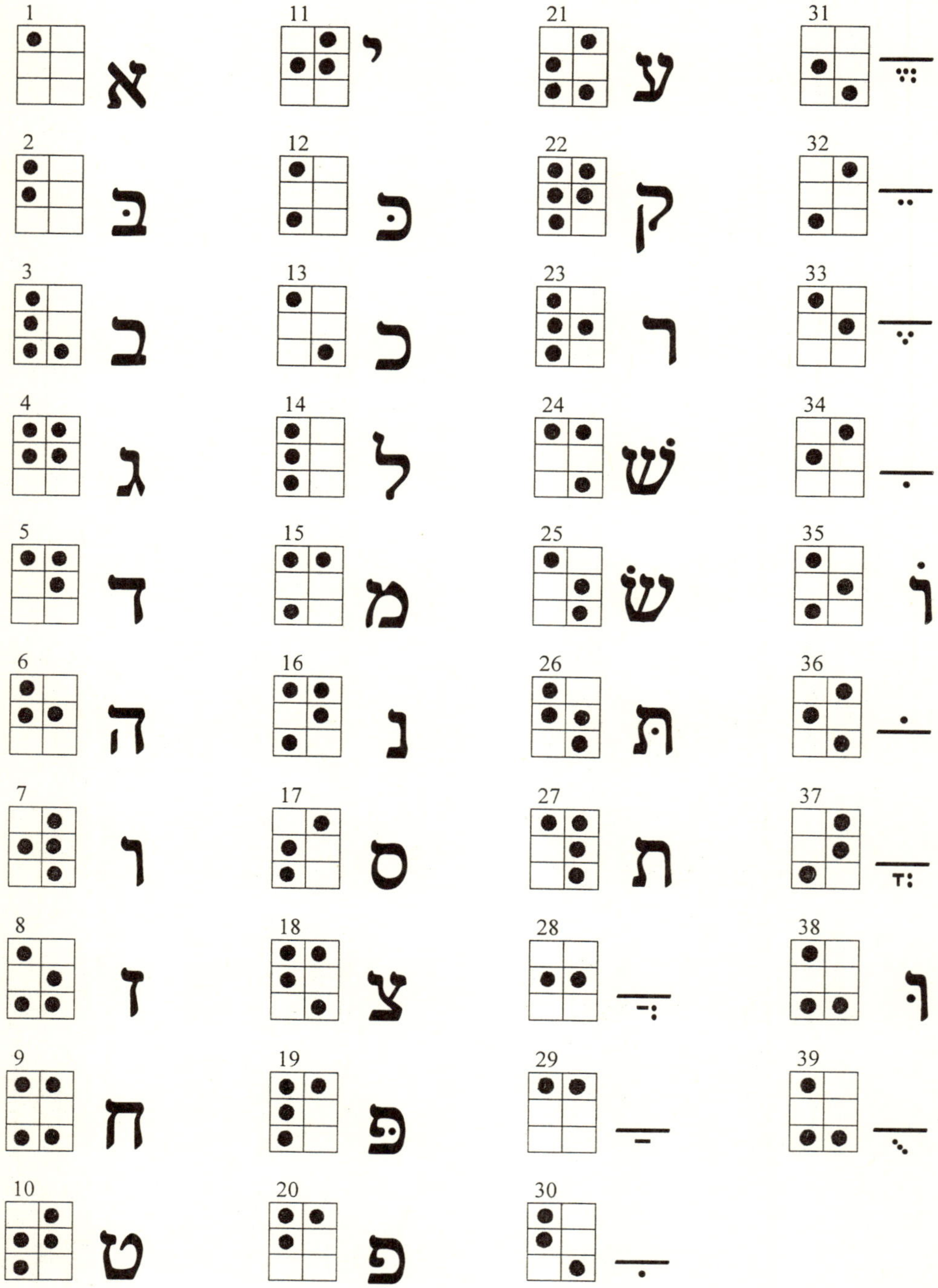

1728 in Modena abgefasste *Ketubba* (Ehevertrag), mit den Wappen der Familien Ussiel, rechts, und Foa, links, in bekrönten Herzen. Modena, Biblioteca Estense.

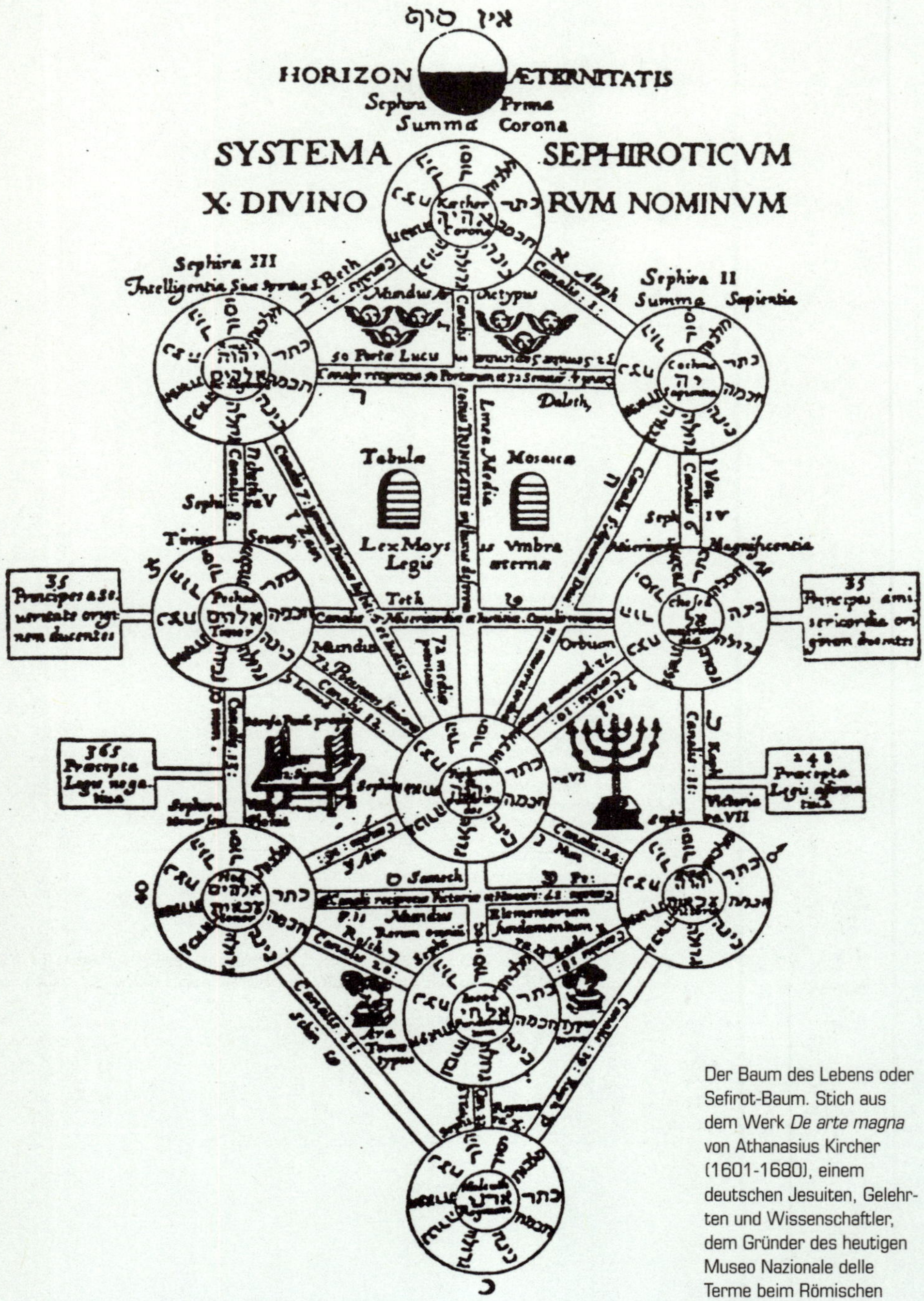

Der Baum des Lebens oder Sefirot-Baum. Stich aus dem Werk *De arte magna* von Athanasius Kircher (1601-1680), einem deutschen Jesuiten, Gelehrten und Wissenschaftler, dem Gründer des heutigen Museo Nazionale delle Terme beim Römischen Kollegium.

ALEF – TAW: DIE ZEHN SCHLÜSSEL ZUM MYSTISCHEN AUFSTIEG. DAS MYSTERIUM DES ALPHABETS.

1 Gott existiert. Eins, Einzig, Absolut: Alef.

2 Der menschliche Verstand kann ihn nicht fassen, eingrenzen, bestimmen: Bet.

3 Seit jeher hat sich die Menschheit Symbolen (Gimel), Analogien (Dalet) und Parabeln (He) bedient, um Gott und den Weg zu bestimmen, dem man folgen muss (Waw), um in Harmonie mit Seinen Gesetzen zu leben.

4 Paradies (Sajin), Hölle (Chet) und Auferstehung (Tet) sind Teile dieser Parabeln. Sie dienen den Menschen von einfachem Geist; und sie sind notwendig, um ihre negativen Instinkte (Jod) zu unterdrücken.

5 Der Mensch ist von Natur aus auf der Suche nach dem Göttlichen, dem Quell seiner Existenz (Kaf). Um zu dieser Quelle (Lamed) zu gelangen und seinen Durst zu stillen, muss er sich zuallererst von den Vorurteilen und Verlockungen befreien.

6 Dann muss er Wissen (Mem), Kultur (Nun) und Intellekt (Samech) erwerben, die ihm helfen, die Bedeutung von Symbolen, Analogien und Parabeln und das Interesse an materiellen Dingen zu überwinden.

7 Nun wird ihm ein vorbildliches Verhalten nützlich sein, da er nicht mehr von der Vergänglichkeit des Materialismus, noch von seinem schönen Schein abhängig ist, denn er ist jetzt auf der Suche nach einem reinen und lichten inneren Gleichgewicht, seinem Privileg und geheimen Schatz (Ajin).

8 Das Bewusstsein von der göttlichen Wirklichkeit, die sich in der erscheinungsweltlichen Wirklichkeit spiegelt, ermöglicht es ihm nun zu erkennen, dass das Ganze (Pe) und das Nichts (Zade), das Atom und das Unendliche, das »ganze Absolute« sind, das in ihm und in Gott ist.

9 Er wird nun eine universale Liebe (Kof) verspüren für alles, was existiert, dessen Teil er ist und was sich in ihm wiederfindet; er wird alle menschlichen Wesen annehmen, die auf ihren Ebenen und mit ihren Erfolgen letztlich auf demselben Weg sind wie er.

10 Frei von allen materiellen Fesseln, voller Respekt vor jeder erscheinungsweltlichen Realität, wird er ruhig und gelassen den wahren Initiationsweg des Reinen beschreiten, den alle erleuchteten Meister (Resch) beschritten haben, und die schönen Künste (Schin) genießen, bis er das endgültige Ziel (Taw) erreicht: seine Verwirklichung in Gott (Alef).

שמונה

Stile, Varianten, kalligrafische Adaptationen

1

2

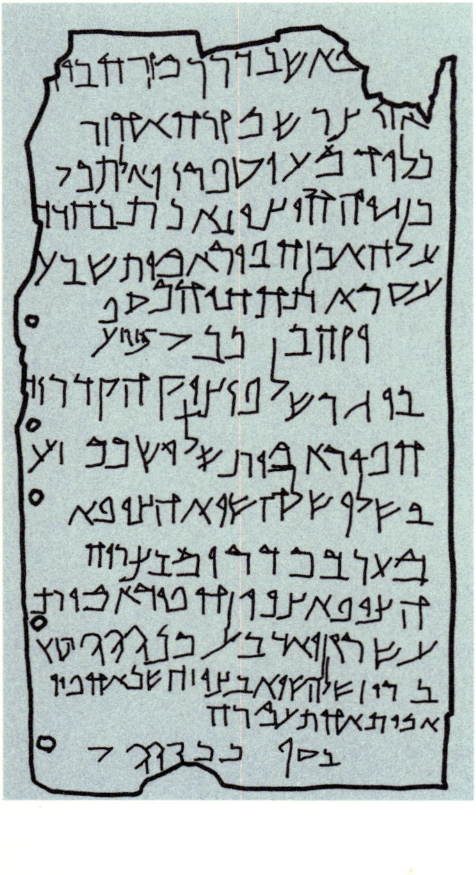

3

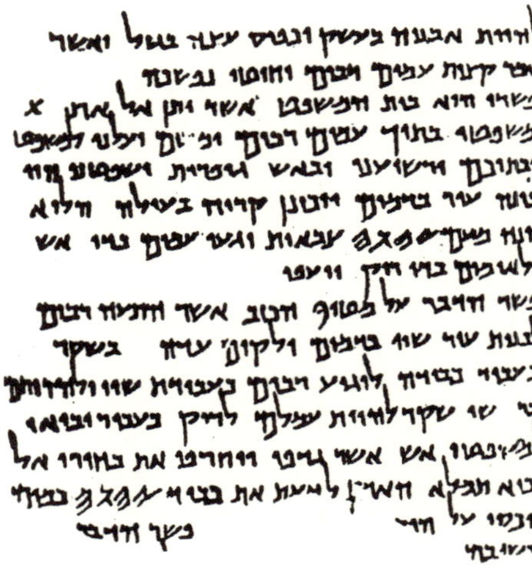

1 · Die Fotografie zeigt eine der längsten Schriftrollen vom Toten Meer: Sie misst über acht Meter in der Länge und enthält 66 Textspalten. Derzeit wird sie im »Schrein des Buches« von Jerusalem aufbewahrt.

2 · Fragment einer Kupferrolle, die auf das 1. Jh. v. Chr. zurückgeht und in der dritten Höhle von Qumran gefunden wurde. Amman, Archäologisches Museum.

3 · Ausschnitt der Rolle des Propheten Habakuk.

MOSAIKEN DES IV.-VI. JAHRHUNDERTS

1

2

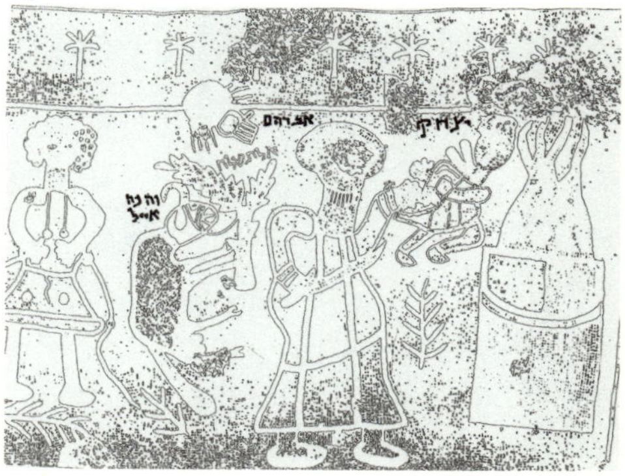

3

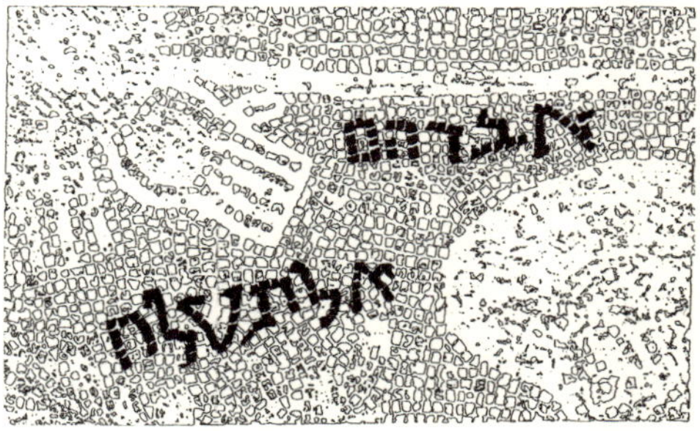

4

1 · Gesamtansicht des Fußbodenmosaiks der Synagoge von Bet Alfa, im 6. Jh. von Marianos und seinem Sohn Aninas ausgeführt.

2 · Detailansicht des Fußbodenmosaiks mit der Szene, die die Opferung Isaaks darstellt.

3 · Detailansicht des Fußbodenmosaiks mit dem Namen Abraham.

4 · Detailansicht des Fußbodenmosaiks mit den Tierkreiszeichen.

1

1, 3 · Original und Abzeichnung einer Seite aus einem orientalischen Abecedarium, das auf das 10. Jh. zurückgeht. Fundort: Kairo, Genisa.

2 · Pentateuch: Ausschnitt aus *Schelach lecha* (Num 13-15, hier 13,2-5), mit *Masora magna et parva*, kalligrafiert von Isaak ben Abraham ha-Levi in Ägypten, 1106. Jerusalem, Jewish National and University Library.

2

3

4

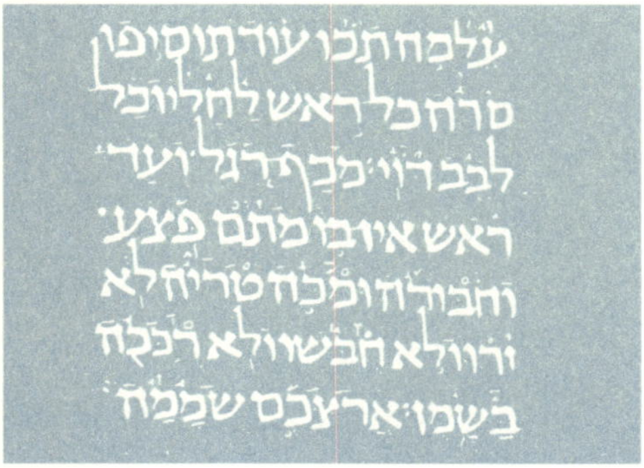

4 · Babylonische Punktation von Jes 1,5-7. Handschrift der *Hinteren Propheten*, 916 n. Chr. kopiert, Saltykov-Shchedrin-Bibliothek, Leningrad.

DIE HANDSCHRIFT IM XII.-XIV. JAHRHUNDERT

1

2

3

1 · *Bibel* mit masoretischen Anmerkungen, kalligrafiert in Spanien im 14. Jh. Kopenhagen, Staatsbibliothek.

2 · 1010 in Kairo handgeschriebene und ausgeschmückte *Bibel*. St. Petersburg, Staatsbibliothek.

3 · *Pentateuch mit den fünf Megillot und Haftarot.* Anfang des Buches *Numeri* (Blatt 130 verso). Südfrankreich, XIV. Jh. Florenz, Biblioteca Mediceo-Laurenziana.

KALLIGRAMME MIT MASORETISCHEN ANMERKUNGEN

1

2

3

1 · Seite aus einem *Pentateuch* aus dem Jemen, mit masoretischen Anmerkungen, 1469 kalligrafiert. London, British Museum.

2 · Auf den Hinterbeinen stehender Löwe am Anfang einer Masora. Aus dem *Buch Ezechiel*, kalligrafiert in Deutschland im 13. Jh. Wien, Nationalbibliothek.

3 · Beispiel für ein humanistisches Kalligramm, das von den masoretischen Anmerkungen inspiriert war, mit denen die hebräischen Kodizes im Mittelalter geschmückt waren. Aus *Exercitatio alphabetica* von Clément Perret, herausgegeben von Christopher Plantin in Brüssel, 1569.

1

2

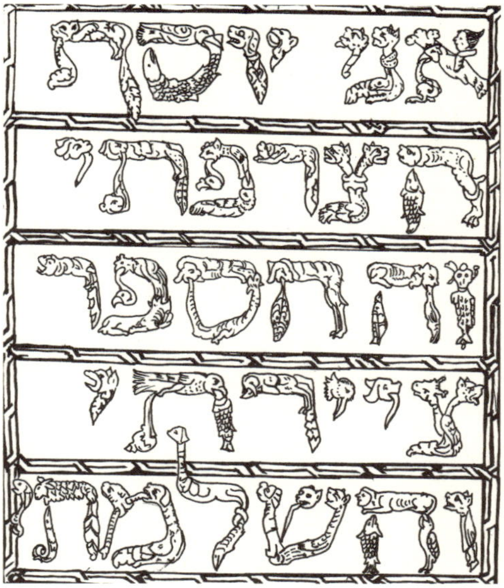

3

1 · Zoomorphe Buchstaben aus der *Mocatta-Haggada*. Spanien, XIII. Jh. London, University College.

2 · *Cervera-Bibel*: *Kolophon* des Miniaturmalers, Joseph ha-Zarefati. Spanien, 1300. Lissabon, Universitätsbibliothek.

3 · *Machsor*, kalligrafiert in Spanien im Laufe des 13. Jh.s. Tübingen, Universitätsbibliothek.

1

2

3

1 · *Machsor*, im 14. Jh. in Deutschland kalligrafiert. Kopenhagen, Det Kongelige Bibliothek.

2 · *Pentateuch*, zwischen 1290-1310 in Bayern kalligrafiert. Kopenhagen, Det Kongelige Bibliothek.

3 · Im 14. Jh. in Böhmen kalligrafierte Bibel. Karlsruhe, Badische Landesbibliothek.

Gegenüberliegende Seite: *Bibel* von 1438 in sieben Bänden, in französisch-deutschen Lettern, mit Vers für Vers alternierendem *Targum* und Raschi-Kommentar zum gesamten Text, *Masora parva* und *magna*.
Genua, Biblioteca Berio. Anfang von 1 *Chronik*.

חל
להיות
בשבת
אומר
השמים
והארץ
צבאם ויכל אלהים ביום

TITULATUREN IN DEN MITTELALTERLICHEN HAGGADOT

1

2

3

4

5

Gegenüberliegende Seite: Miniatur auf Pergament, aus der *Barcelona-Haggada*, mit Text, Bild und Randgrotesken.

1, 2, 3, 4, 5 · Die *Barcelona-Haggada*, kalligrafiert und mit Miniaturen ausgeschmückt in der zweiten Hälfte des 14. Jh.s London, British Library.

DIE FRANZÖSISCH-SPANISCHE MINIATUR IM XIV. JAHRHUNDERT

1

2

1 · Von einem Vers in großen Buchstaben gerahmte Seite mit Miniaturen einiger Kultgegenstände. Mailand, Biblioteca Ambrosiana.

2 · Reich geschmückte, mit Miniaturen versehene Seite, die das Buch *Genesis* eröffnet und einige Tempelgeräte darstellt. Mailand, Biblioteca Ambrosiana.

3 · Diese Detailansicht der oben abgedruckten Seite zeigt die Gesetzestafeln.

Gegenüberliegende Seite: Anfang des Buches der *Psalmen*. Im 14. Jh. in Ferrara in Miniatur gemalte Bibel, Biblioteca Mediceo-Laurenziana.

3

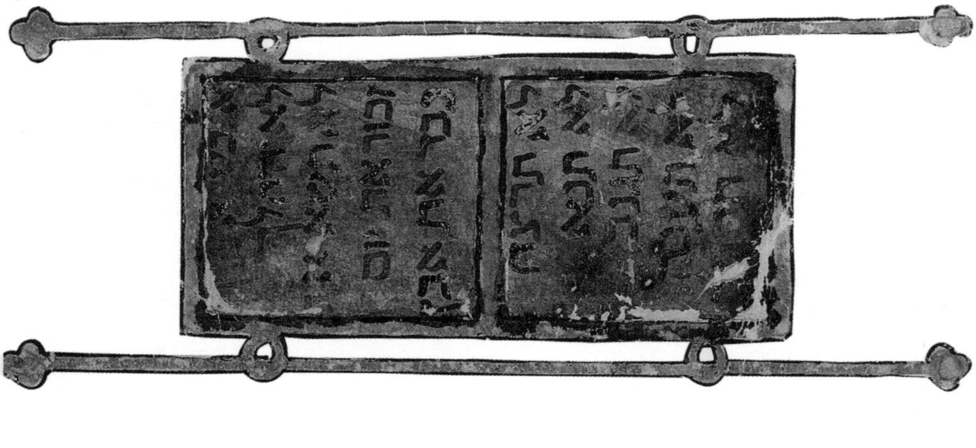

1

2

1 · Illuminierte Seite aus der *Aberdeen-Bibel*, in Italien, vielleicht Neapel 1493 erstellt. Schottland, Universitätsbibliothek Aberdeen.

2 · *Bibel von Rabbi Elieser*, handgeschrieben 1482 in Speyer. Breslau, Universitätsbibliothek.

3 · Erste *Cincinnati-Haggada*, kalligrafiert von Meir ben Israel Jaffe. Süddeutschland, um 1480. Cincinnati, Hebrew Union College.

4 · Detailansicht der o.a. Handschrift: ein Titel.

3

4

1 · Jüdisch-persische Paraphrase der *Geschichten des Pentateuch*, im 13. Jh. von Maula Schahin aus Schiraz geschrieben. Kalligraf und Miniaturmaler Nehemia ben Amschal aus Tabriz, 1686. Mailand, Sammlung R. Eliahu Karmeli.

2 · *Studien zum Purpurnen Erzengel* des Sufimeisters Sohrawardi, vom jüdischen Mystiker Scholomin ben Abadil Pakuda , Isfahan, 1612. Mailand, Sammlung R. Eliahu Karmeli.

3 · Incipit des Buches *Jesaja*: Seltenes Exemplar persischer Mikroskopschrift (von islamischen Kalligrafen benutzte *ghibar*). Das Original misst 4,5 x 7,5 cm. Teheran, Safawidenepoche). Mailand, Sammlung R. Eliahu Karmeli.

1

2

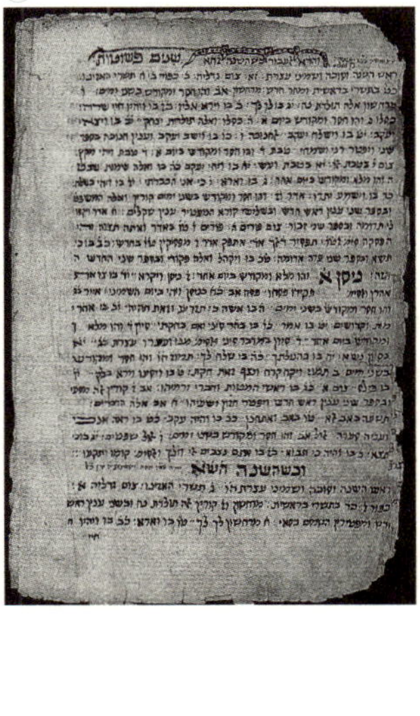

3

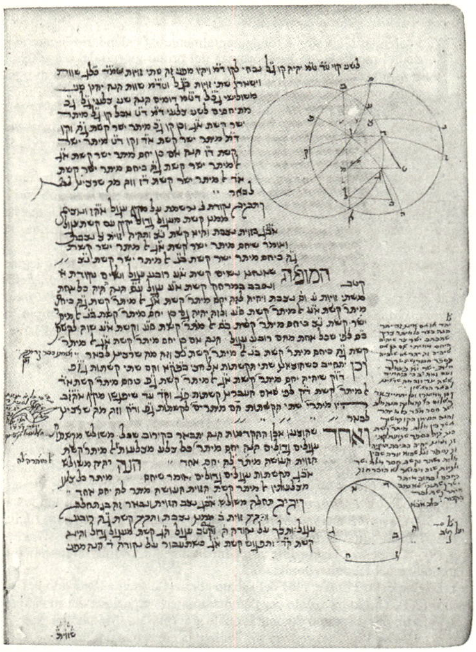

1

2

3

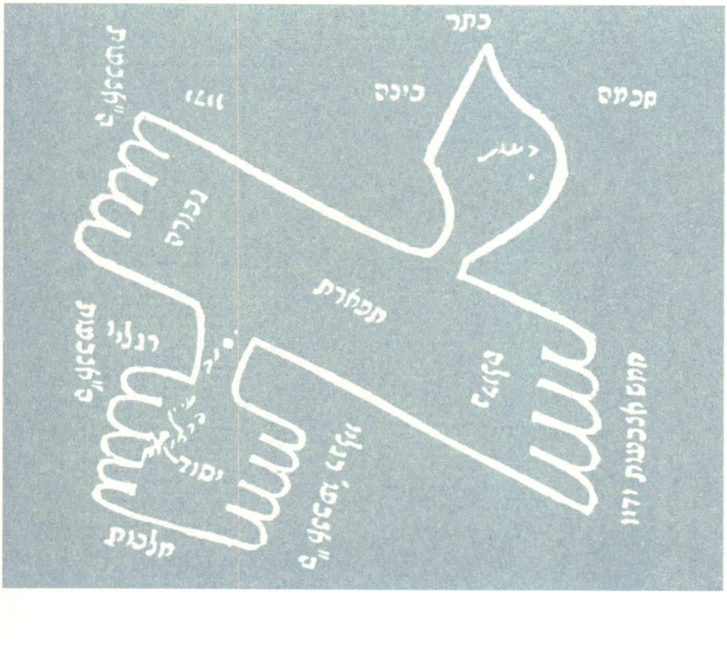

1 · *Almagest* von Ptolemäus in der arabischen Version von Jabir ibn Aflach, ins Hebräische übertragen von Jakob ben Machir. Kopie angefertigt von dem Karäer Afendopolo ben Eli ben Jehuda, Istanbul, 1482.
2 · Astonomische Tafel aus dem *Traktat* des jüdisch-französischen Wissenschaftlers Eli Ben Gerson, 1288-1344. London, British Museum.
3 · Illustration aus dem *Pardes Rimmonim* von Mose Cordovero, Krakau, 1592. Dargestellt wird ein Alef, das den Einen, Gott, und Seinen Körper symbolisiert; die Enden des diagonalen Bandes sind Seine Hände, die untere Verlängerung seine Füße.

ILLUSTRIERUNG DER KABBALA

1

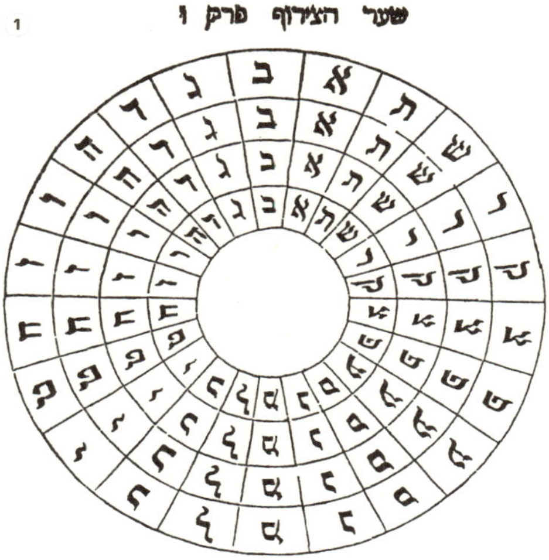

2

3

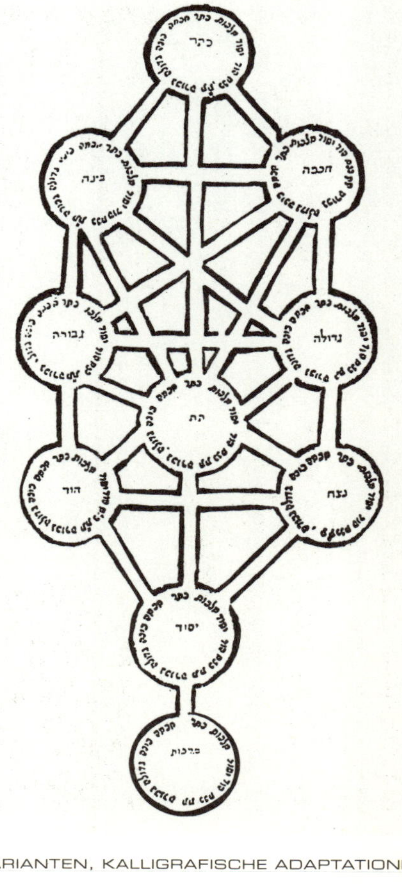

1, 2, 3 · Holzschnitte aus einer Ausgabe des Buches »*Baum des Lebens*« von Chajjim Vital, herausgegeben von Isaak Satanow in Korez in den Jahren 1782 ff.

4 · Illustration der zehn *Sefirot* aus dem *Pardes Rimmonim* von Mose Cordovero, Krakau, 1592. Anders als bei der traditionellen Darstellung als *Sefirot*-Baum (s. Abb. 3 auf dieser Seite) wurden hier die Initialen der *Sefirot*-Namen in ein Bild umgesetzt. Ganz außen rahmt das Kaf der ersten Sefira *Keter* (höchste Krone) alle weiteren Buchstaben bzw. Sefirot, ganz innen steht das Mem für *Malchut* (Königsherrschaft).

4

1

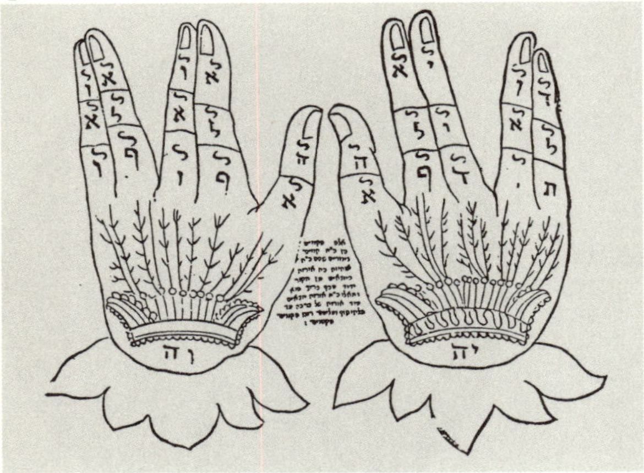

2

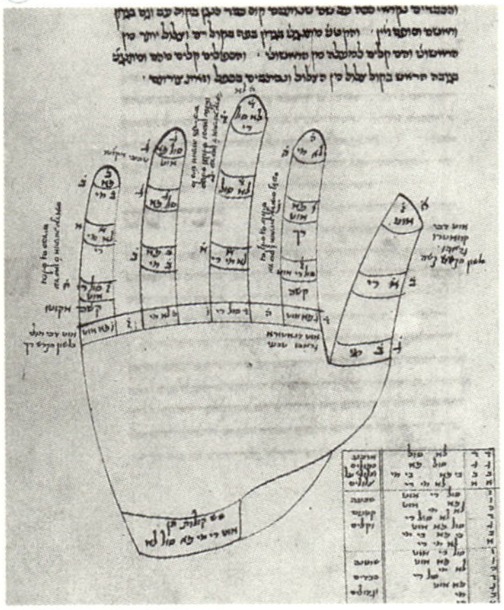

3

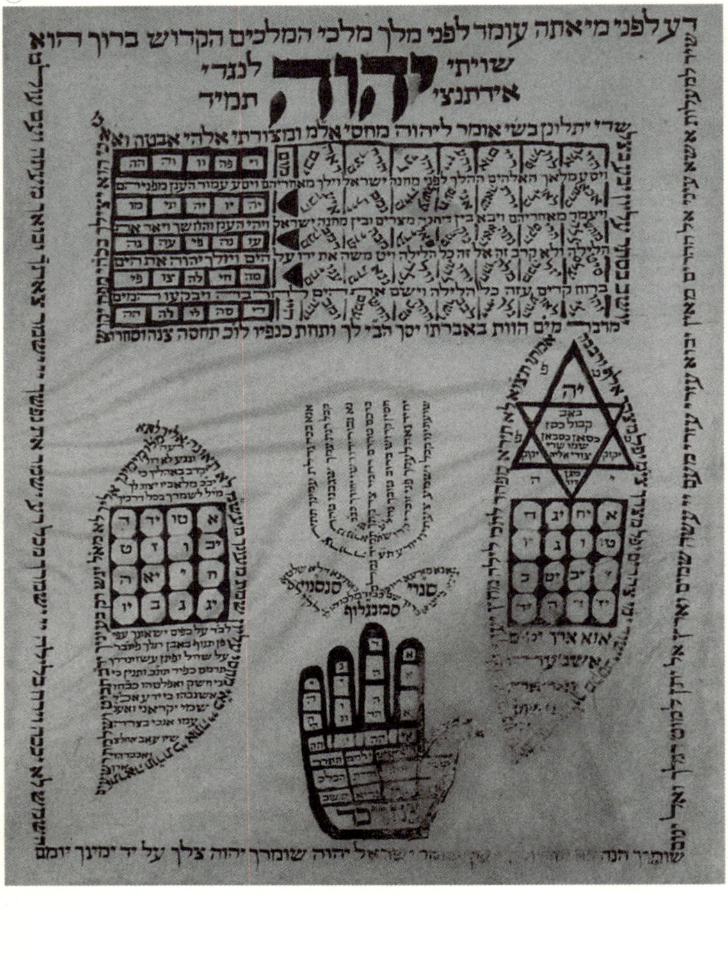

4

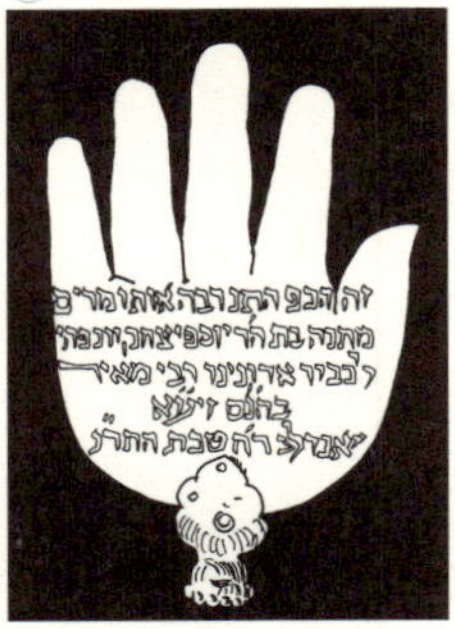

1 · Illustration in einer Ausgabe des Buches *Schefa Tal* des deutschen Kabbalisten Schabbetai »Scheftel« Horowitz, 18. Jh.
2 · Die sogenannte »*Guidonische Hand*« (von Guido d'Arezzo, dem Mönch, der den Musiknoten im 11. Jh. Namen gab) in der jüdischen Version von Jehuda ben Jizchak. 13. Jh.
3 · Amulett, bestehend aus magischen Quadraten und kabbalistischen Talismanen. Tinte auf Pergament. Palästina, 18. Jh.
4 · Silberner, apotropäischer Verschluss für den *Sefer Tora*. Birma, 1849.

ALPHABET, AMULETTE UND MAGIE

1

2

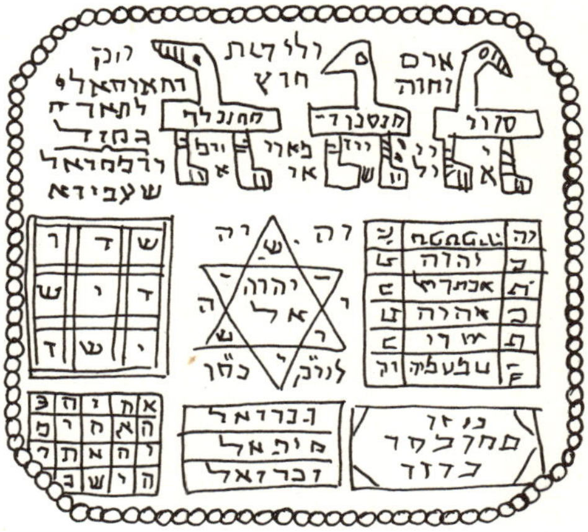

1 · Beschwörungsschale mit aramäischen Formeln und Versen. Babylon, 6.-7. Jh. Mailand, Sammlung R. Eliahu Karmeli.
2 · Silberamulett zum Schutz von Neugeborenen. Iran, 18. Jh. Tel Aviv, Sammlung Einhorn.

3 · Amulett aus Silber, 19. Jh., Mailand, Sammlung R. Eliahu Karmeli.
4 · Hexagramm-Amulett mit der Anrufung Gottes »im Namen des Siegels Salomos«.
5 · Silberamulett, Deutschland, 17.-18. Jh.

3

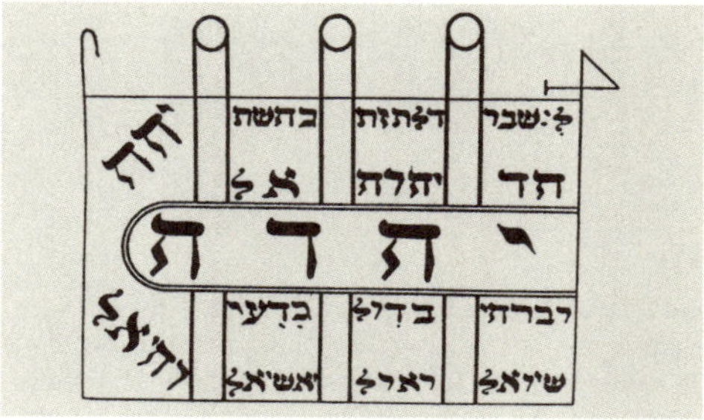

5

4

EINE KLASSISCHE SEITE MIT KOMMENTAREN

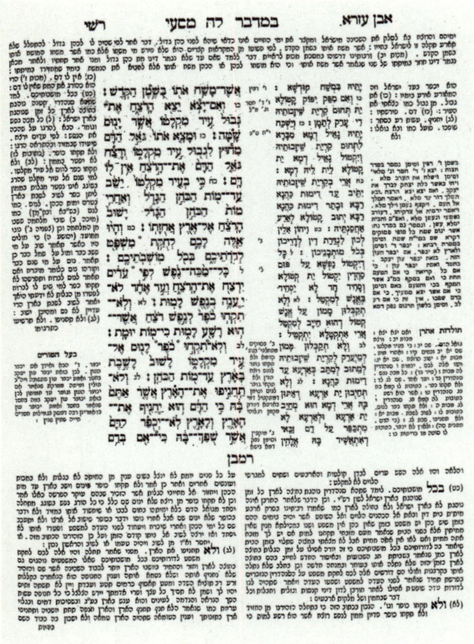

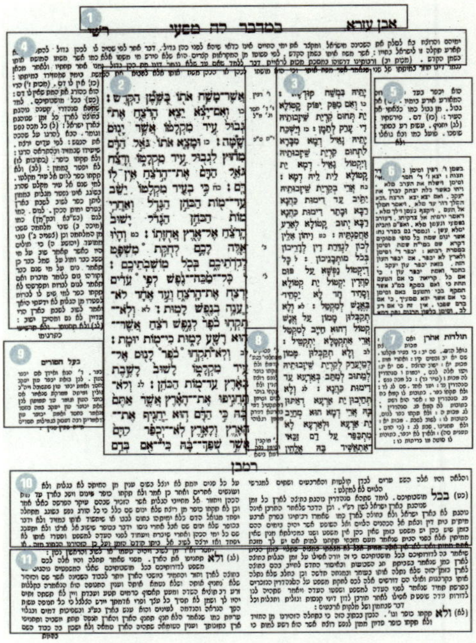

Die Hebräische Bibel besteht aus 24 Büchern, die sich auf folgende drei Teile verteilen: *Tora* (5 Bücher Mose oder *Pentateuch*); *Newi'im* (8 Prophetenbücher); *Ketuwim* (11 hagiographische Bücher). Der Text der Bibel wurde in seiner endgültigen Form zwischen dem 8. und dem 10. Jh. von den Masoreten festgelegt, palästinischen und babylonischen Gelehrten, darunter die Familien Ben Ascher und Ben Naftali. Seit dem Altertum wurde der Text kommentiert, mit Glossen versehen, interpretiert. Schon im 6. Jh. v. Chr. wurden Paraphrasen des Textes in aramäischer Sprache üblich, die man *Targum* nennt. Der bedeutendste der verschiedenen *Targume* ist der *Targum Onkelos*, der im 1.-2. Jh. n. Chr. in Babylonien abgefasst wurde.
Neben der schriftlichen *Tora* und zu ihrer Ergänzung gibt es auch die mündliche *Tora*. Sie besteht aus einer Sammlung religiös-gesetzlicher Normen und juristischer Regeln, die auf die pharisäische und rabbinische Lehren der ersten beiden Jahrhunderte zurückgehen. Diese Überlieferungen hat erstmals Rabbi Jehuda ha-Nassi (ca. 135-220 n. Chr.) gesammelt. Er war es auch, der sie in sechs Ordnungen unterteilt hat: *Sera'im*, (Saaten), *Mo'ed*, (Festzeiten), *Naschim* (Frauen), *Nesikin* (Schäden), *Kodaschim* (heilige Dinge) und *Taharot* (Reinheit).
Rabbinische Überlegungen über die Tora gaben zwischen dem 3. und 6. Jh. n. Chr. dem *Talmud* (Studium, Lehre) seine Gestalt. Er ist das zentrale Werk des Judentums und dient dazu, die Gebote der Bibel im Alltag umzusetzen.
Er besteht aus der *Mischna* (Wiederholung) – sie wurde von Rabbi Jehuda ha-Nassi zusammengestellt –, aus der hinzugefügten *Gemara* (Vervollständigung), welche Diskussionen und Kommentare von Rabbinen enthält. Schließlich wurden diesen sukzessive zusätzliche Lehren beigefügt, die *Tosefta* (Hinzufügung). Lebensrichtlinien und das juristische Material der traditionellen Unterweisung bilden die *Halacha* (das Wandeln), das nicht-juristische, erzählerische Material wird als *Haggada* (Erzählung) bezeichnet.
Die *Gemara* wurde je unterschiedlich in Palästina und in der babylonischen Diaspora erarbeitet, weshalb zwei Ausgaben des *Talmuds* entstanden und zu unterscheiden sind: der palästinische oder jerusalemische und der babylonische *Talmud*.
Der babylonische Talmud wurde erstmals 1520-1523 von D. Bombeg in Venedig gedruckt. Die Aufteilung der editio princeps übernahmen die späteren Ausgaben und fügten ihr nach und nach Neues hinzu. So entstand ein Aufbau wie im oben abgebildeten Beispiel einer Textseite:

1. Titulatur der Seite;
2. Mischna und Gemara
3. Kommentar von Raschi, dem Gelehrten, von Troyes, 11. Jh.;
4. *Tosefta* (Hinzufügungen): Kommentare von Schülern und Enkeln Raschis, die Tosafisten genannt werden (12. - 14. Jh.);
5. die »Tradition der sechs Ordnungen« der *Mischna*, die zwischen dem 16.-19. Jh. entwickelt wurde;
6. die Revisionen von Joel Sirkes, *Bajit Chadasch* genannt, Polen, 16. Jh.;
7. die Anmerkungen von Akiba Eger, Ungarn, 19. Jh.;
8. der biblische Bezug für die Gemara, 16.-19. Jh.;
9. Kommentar von Hananel ben Chuschiel, 11. Jh.;
10. *Halacha-Texte*, angefangen mit Jehuda ha-Nassi
11. Hinweise auf die Werke der *Halacha*

DIE PROTOTYPOGRAPHEN DER SONCINOS

1

2

1 · Das Druckersignet von Gerschom Soncino, Vertreter der berühmtesten jüdischen Buchdruckerfamilie. Holzschnitt, Italien, 1497-1498.

2,3 · Deckblatt des Buches *Genesis* in der *Soncino-Bibel*, 1491 von Joschua Schelomo ben Natan Soncino in Neapel gedruckt.

3

1

יהודה

3

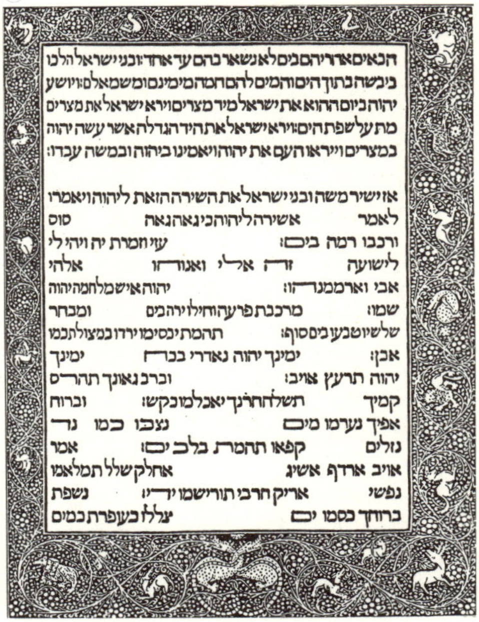
הבאים אחריהם בים לא נשאר בהם עד אחד: ובני ישראל הלכו
ביבשה בתוך הים והמים להם חמה מימינם ומשמאלם: ויושע
יהוה ביום ההוא את ישראל מיד מצרים וירא ישראל את מצרים
מת על שפת הים: וירא ישראל את היד הגדלה אשר עשה יהוה
במצרים וייראו העם את יהוה ויאמינו ביהוה ובמשה עבדו:

אז ישיר משה ובני ישראל את השירה הזאת ליהוה ויאמרו
לאמר אשירה ליהוה כי גאה גאה סוס
ורכבו רמה בים: עזי וזמרת יה ויהי לי
לישועה זה אלי ואנוהו אלהי
אבי וארממנהו: יהוה איש מלחמה יהוה
שמו: מרכבת פרעה וחילו ירה בים ומבחר
שלשיו טבעו בים סוף: תהמת יכסימו ירדו במצולת כמו
אבן: ימינך יהוה נאדרי בכח ימינך
יהוה תרעץ אויב: וברב גאונך תהרס
קמיך תשלח חרנך יאכלמו כקש: וברוח
אפיך נערמו מים נצבו כמו נד
נזלים קפאו תהמת בלב ים: אמר
אויב ארדף אשיג אחלק שלל תמלאמו
נפשי אריק חרבי תורישמו ידי: נשפת
ברוחך כסמו ים צללו כעופרת במים

2

א׳ יהודה בן תימא אומר

1, 2, und gegenüberliegende Seite: die jeweils gleiche Seite aus dem Ritual- und Rechskodex *»Arba Turim«* von Jakob ben Ascher (1280-1340).

1 · Druck von 1485, Soncino, mit einem aus einem nichtjüdischen Buch wieder verwendeten Rahmen.

2 · Druck von 1485 in Leiria, Portugal. Rahmen gestochen von Abraham d'Ortas.

Gegenüberliegende Seite: Druck von 1540, Augusta.

3 · Das *Lied des Mose*, aus einer in Hijar/Südspanien gedruckten Bibel, 1486-1489. Rahmen gestochen von Fernandez von Córdoba.

יהודה

בן תימא אומר הוי עז כנמר וקל כנשר ורץ כצבי וגבור
כארי לעשות רצון אביך שבשמים פרט ד׳ דברי׳ בעבודת
הבורא ית׳ והתחיל בעז כנמר לפי שהוא כלל גדול בעבודת
הבורא יתברך לפי שפעמים אדם חפץ לעשו׳ מצוה ונמנע
לעשותה מפני בני אדם שמלעיג׳ עליו ועל כן הזהי׳ שתעיז
פניך כנגד המלעיג׳ ואל תמנע מלעשות המצוה. וכן אמר
רבן יוחנן בן זכאי לתלמידיו יהי רצון שתהא מורא שמים
עליכם כמור׳ בשר ודם וכן הוא אומ׳ לעני׳ הבושה שפעמי׳
אדם מתבייש מפני האדם יותר ממה שיתבייש מפני הבור׳
יתברך על כן הזהיר שתעיז מצחך כנגד המלעיגים ולא
תבוש וכן אמר דוד ע״ה ואדברה בעדותיך נגד מלכים ולא
אבוש אף כי היה נרדף ובורח בין האומות היה מחזיק
בתורתו ולומר אף כי היו מלעיגים עליו ואומר קל כנשר
כנגד ראות העין ודימה אותו לנשר כי כאשר הנשר שט
באויר כך הוא ראות העין לומר שתעצים עיניך מראות ברע
כי הוא תחילת העבר׳ שהעין רואה והלב חומד וכלי המעש׳
גומרין ואמר גבור כארי כנגד הלב כי הגבורה בעבודת
הבורא יתברך היא בלב שתחזק לבך בעבודתו ואמר רץ
כצבי כנגד הרגלים שרגליך לטוב ירוצו וכן דוד המלך ע״ה
היה מתפלל על שלשתם אלא ששנה הסדר ואמר הדריכני
בנתי׳ מצותיך על הרגלים ואמר אחר כך הט לבי ואמר
ב א א״ב

1

2

3

1 · *Mischnaiot mi-Seder Kodaschim* in mehreren Bänden, gedruckt 1562 in Mantua. Mailand, Sammlung Prof. Sandro Montel.

2 · *Der heilige Hieronymus im Gehäus*, Holzschnitt von Albrecht Dürer, 1492. Die geöffneten Bücher bieten Gen 1,1 auf Hebräisch, Griechisch und Lateinisch.

3 · Detailansicht des Holzschnitts von Albrecht Dürers *Der heilige Hieronymus im Gehäus*.

DIE BERÜHMTE PRAGER HAGGADA

1

2

3

4

1, 2, 3, 4 · Das Frontispiz und einige Seiten der mit zahlreichen Holzschnitten illustrierten *Prager Haggada*, 1526 von den Söhnen von Salomon ha-Kohen in Prag herausgegeben. Als Prototyp aller bedeutenderen nachfolgenden Haggadot erfuhr sie verschiedene Neuauflagen. Ihre Stiche wurden in verschiedenen Ausgaben übernommen: 1590, 1606, 1624 und 1706.

1

2

3

4

1 · Holzgeschnittene Initiale (Bet), Anfangsbuchstabe von *Ba'al ha-bajit* (Der Herr im Haus). Holzschnitt aus einer 1762 in Amsterdam gedruckten *Haggada*.

2, 3 · Zwei holzgeschnittene Initialen (Alef und He) in einer 1609 in Venedig veröffentlichten *Haggada*.

4 · Der Titel des *Sefer Ba'al ha-Nefesch* von Abraham ben David aus Posquières (1125-1198) in Initialen, herausgegeben von Abraham ben Menahem Menke in Berlin, 1762.

DER GEDRUCKTE KUPFERSTICH IM XVII.-XVIII. JAHRHUNDERT

1

2

1 · Illustration aus dem *Amphitheatrum sapientiae aeternae* von Heinrich Khunrath, veröffentlicht von Wilhelm Anton in Hannover, 1609.

2 · Frontispiz der *Amsterdam-Haggada*. Kupferstich von Abraham ben Jakob, 1695.

3

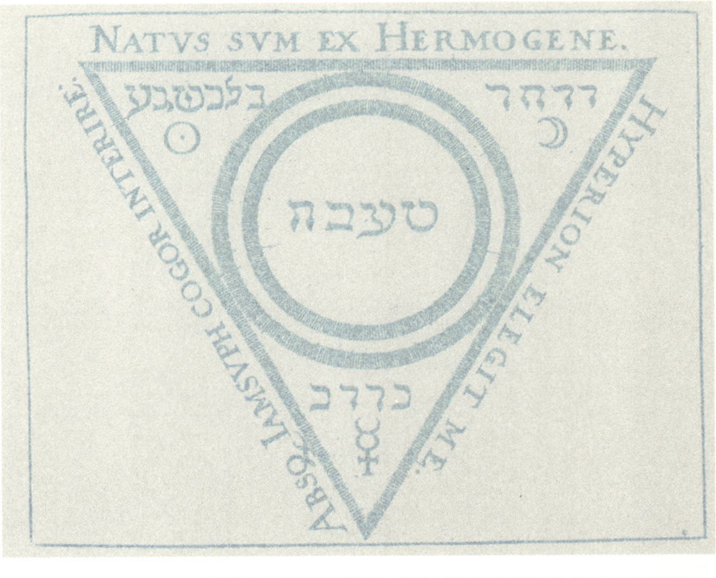

3 · Illustration aus dem *Tripus aureus* von Michael Maier, gedruckt von Lucas Jennis 1618 in Frankfurt. Radierung von Paul Jacob.

DAS HEBRÄISCHE ALPHABET AUSSERHALB DES JUDENTUMS

1

2

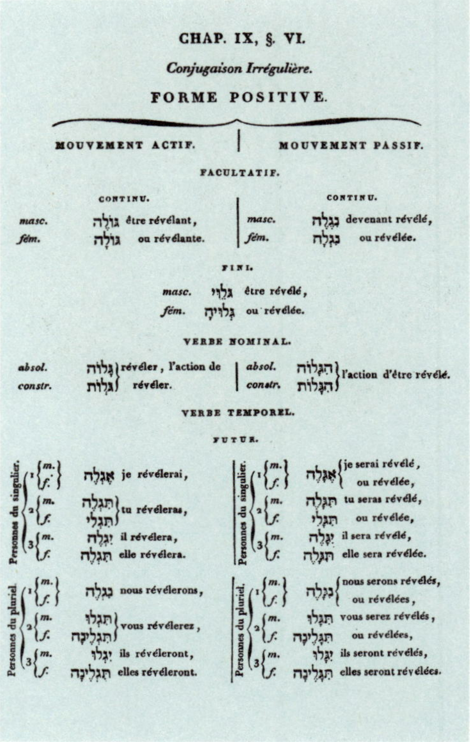

3

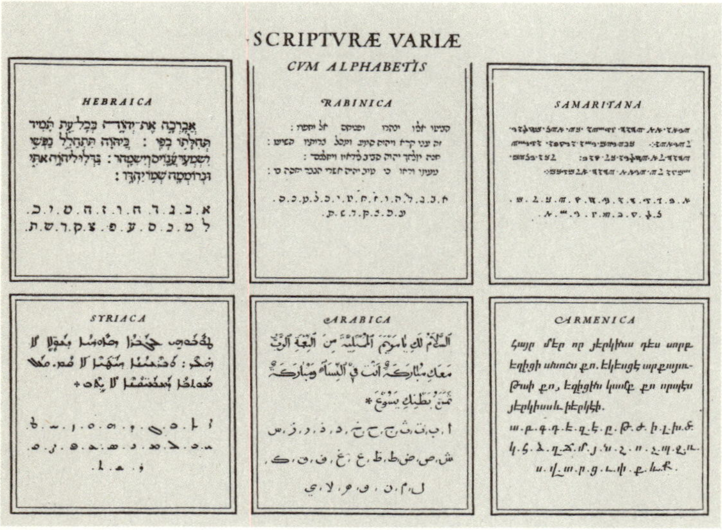

1 · Die Tafel der »Alphabete der orientalischen Sprachen« im *Nouveau traité d'écriture* von François-Michel Glachant, veröffentlicht von Jean-Augustin Grangé in Paris, 1754.

2 · Seite aus dem berühmten Band *La langue hébraïque restituée* von Antoine Fabre-d'Olivet (1769-1825), veröffentlicht von Jean-Marie Eberhart in Paris, 1816.

3 · Die Tafel der »*scripturae variae cum alphabetis*« im Buch *Les écritures* von Louis Barbedor (1589-1670). Paris, 1647.

DIE VOLKSTÜMLICHE MINIATUR UND VERZIERUNG

1

1 · *Megillat Ester*, Südfrankreich, 16. Jh. Oxford, Privatsammlung.

2 · Darstellungen der *Menora*, Nordafrika, 19. Jh.

2

1

2

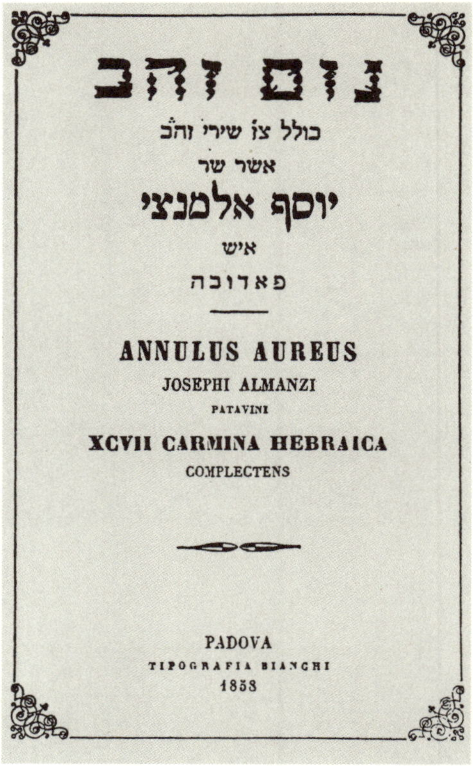

3

1 · Kupfergestochenes Frontispiz des Buches *Numeri* aus der *Großen Warschauer Bibel*, 1860 veröffentlicht. Die Ausgabe wurde von den Nazis vollständig zerstört. Exemplar der Sammlung R. Eliahu Karmeli, Mailand.

2 · Frontispiz des *Nesem sahaw*, einer Sammlung von Sonetten des gelehrten Linguisten Joseph Almanzi (1801-1860), 1858 in Padua veröffentlicht.

3 · Frontispiz des Buches *»Die 24 Bücher«*, herausgegeben in Livorno. Mailand, Sammlung Prof. Sandro Montel.

Gegenüberliegende Seite: Das *Hohelied* im liturgischen Buch von Mardochai, Ungarn, 1819-1820. Darin werden die Illustrationstypen der vorangegangenen Jahrhunderte wieder aufgenommen, von den masoretischen Kalligrammen der Handschriften des 13. Jh.s bis zu den Holzschnitten der Soncino-Inkunabeln.

BUCHSCHMUCK UND DRUCK IM XIX. JAHRHUNDERT

1

קובץ
מעשה נסים
כו יבואו מעשיות וספורים שנעשו
לישראל בשנים קדמוניות בדרך נס
ויוצאים לאור על ידי
יצחק בכ"ר מיכאל בדאהב
הי"ו ס"ט
הירושלמי
שנת ה"א רתר"ץ 5690
פעה"ק ירושלם תובב"א
דפוס חיים כר"ש הלוי ז"ל צוקרמן

2

ספר
ישמח ישראל
ספר בראשית
לאדז
СЕФЕРЪ ИСМАХЪ ИЗРАИЛЬ
сочиненіе раввина Исаака Данцигера. Часть I.
Типографія Л. Гутштадта въ г. Лодзи, Петроковская № 26. 1911 г.

1 · Frontispiz des *Ma'ase Nissim* von Isaak ben Michael (1859-1947), veröffentlicht in Jerusalem, 1930.

2 · Frontispiz des *Sefer Jismach Jisrael* von Jerachmiel Israel Isaak Danziger, herausgegeben von Alexander Chassid, Lodz/Polen, 1911.

3 · Das *Ave Maria* auf Hebräisch (mit einigen handschriftlichen Fehlerkorrekturen). Aus: *Ave Maria in 404 lingue*, herausgegeben in Mailand, 1931.

4 · Das *Buch des Propheten Jesaja*, veröffentlicht 1908 in Wien von Adolf Holzhausen, mit gegenübergestellter italienischer Version.

3

Quasi oliva speciosa in campis (Eccli. XXIV, 19)
AVE MARIA
שלום לך מרים מלאת חן
אדני עמך ברוכה את מנשים וברוך
ישוע פרי בטנך :
מרים הקדשה אם האלהים
התפללי בעדינו החטאים עתה
ובעת מותנו : אמן :
N. 265
Français: Asie - Hébraïque. *English:* Asia - Hebrew.
Italiano: Asia - Ebraico. *Deutsch:* Asien - Hebräisch.

4

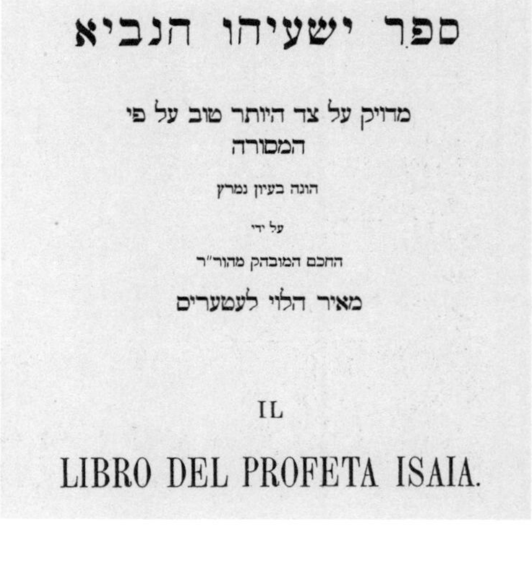

ספר ישעיהו הנביא
מדויק על צד היותר טוב על פי
המסורה
הוגה בעיון נמרץ
על ידי
החכם המובהק מהור"ר
מאיר הלוי לעטרים
IL
LIBRO DEL PROFETA ISAIA.

UM DIE HEBRÄISCHE SCHRIFT ZU LERNEN

1

2

1 · Eine Seite aus dem *Buch zur Schulalphabetisierung in Israel*, herausgegeben von Simon Shavonoz. Tel Aviv, 1987.

2 · Aus *Be'al-pe u'wichtaw* von Isaak Arieh Lifschitz und Sarah Yakubowski, 1984 von den Autoren in Israel gedruckt.

1

2

1 · *Seder*-Teller, ausgeführt in Marokko im 19. Jh.

2 · Zeichnung eines Silberkamms, der zur Vorbereitung eines Leichnams für die Beerdigung verwendet wurde. Ungarn, 19. Jh.

3· Darstellung des Triumphs Mordechais auf einem *Purim*-Teller. 18. Jh.

3

1

2

3

1 · *Ex libris* (1904) von Ilja Schof, in dem der Spruch illustriert wird: »Die Tora, die Arbeit und die Werke der Barmherzigkeit«; in der Mitte unten das Motto: »Wenn ich gebe, gebe ich mich selbst«; aus: *Ethik der Väter*.

2 · *A man like me will not flee*. Holzschnitt von Joseph Bud Ko, 1930.

3 · Anonymer Holzschnitt mit dem Text: »Zion, sicher sorgst du dich um deine illegalen Einwanderer«, Paraphrase der ersten Verse eines berühmten Gedichts von Jehuda ha-Levi, 12. Jh.

DIE GLASFENSTER VON MARC CHAGALL (1887-1985)

1

1, 2, 3, 4 · Einige Entwurfsskizzen für die berühmte Serie von Glasfenstern *Die zwölf Stämme Israels*. Synagoge des jüdischen Universitätsklinikums Hadassah, Jerusalem.

2

3

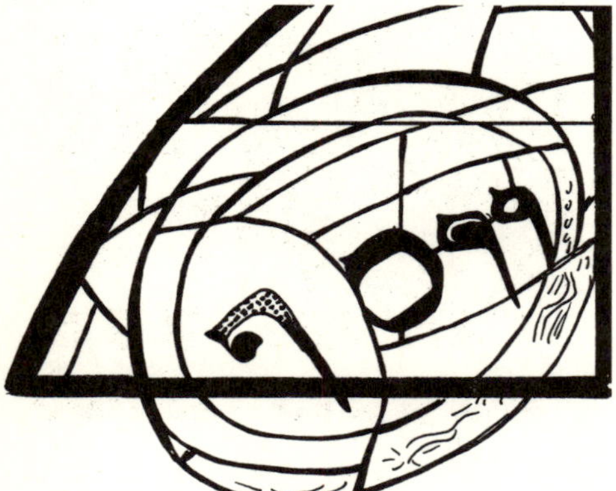

4

DAS HEBRÄISCHE ALPHABET IN DER ZEITGENÖSSISCHEN KUNST

1

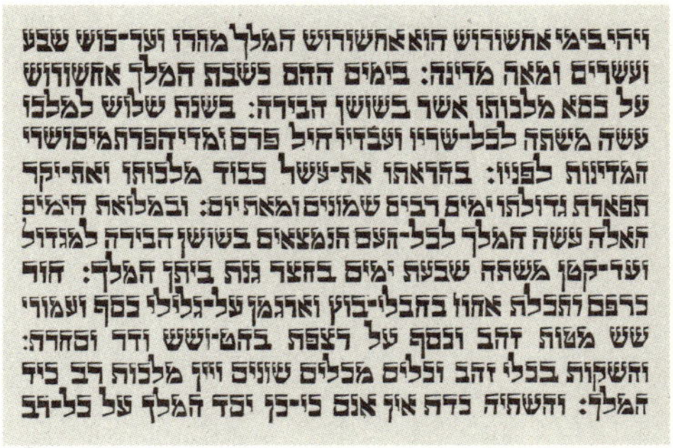

2

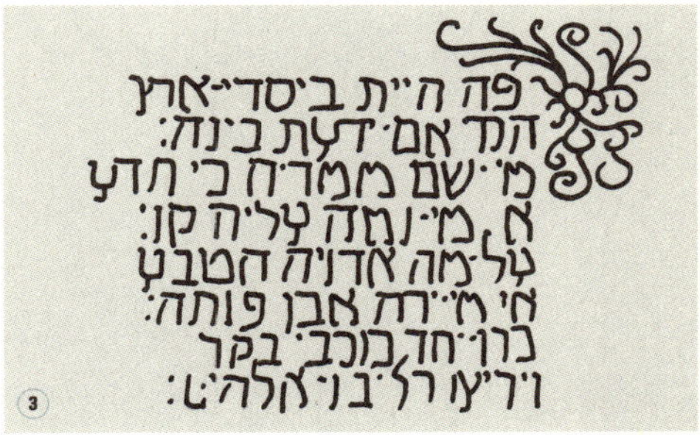

3

4

1 · Ben Shan (1898-1969), *Maimonides*, Zeichnung, 1965. Vatikan, Collezione d'arte religiosa moderna.

2 · Erste Seite der *Megillat Ester*. Holzschnitt von Gabriele Mandel, Mailand, 1960.

3 · Ben Shan, *Der Beginn der Schöpfung*, Zeichnung, 1965. Vatikan, Collezione d'arte religiosa moderna.

4 · Ben Shan, *Zeichnung für den Deckel des Buches von David Ben Gurion: The Jews in their Land*, 1967.

ZEITGENÖSSISCHE VERWENDUNG DES HEBRÄISCHEN ALPHABETS

1

2

3

קול העם
KOL HAAM DAILY
עתון יומי
כנופיית רופאים=מרצחים בשירות הריגול
האמריקני=בריטי נתגלתה בברית המועצות

4

1 · Siegel der *American Jewish Historical Society* von New York, 1956.

2 · Illustration für *Karl und Misra* von Leib Kvitko. Aus der Serie »Das Buch des Pioniers«, erschienen in Kharkov um 1927.

3 · Die kommunistische israelische Tageszeitung »Kol ha-Am«.

4 · Titel für eine *Pessach-Haggada*, illustriert von Emanuele Luzzati (Genua, 1921).

1

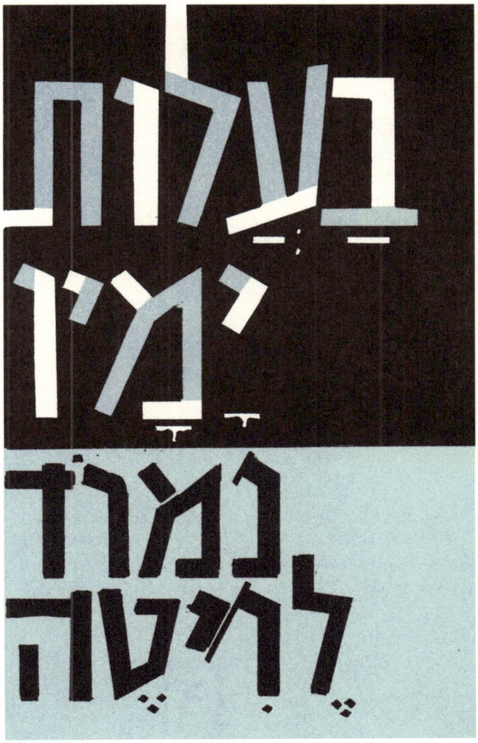

2

1, 2 · Buchdeckel, nach einer Zeichnung von Dan Gelbart (Hamburg, 16. März 1918). Der Senior der Grafikkünstler Israels hat es mehr als jeder andere verstanden, dekorative Elemente der hebräischen Kunst mit Formen der zeitgenössischen avantgardistischen Grafik zu vereinen.

3 · Aufruf der *Hagana al Jischuw*. Die Grafik stammt von einem anonymen Künstler.

3

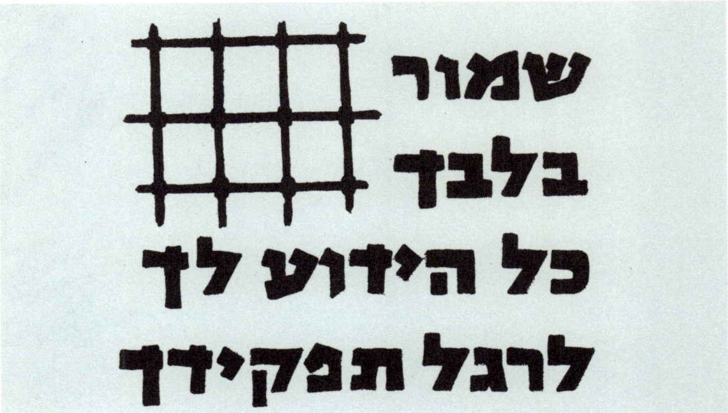

1

2

1 · Die Erkenntnis hat ihren Sitz im Sprichwort: »*Geduld ist der Schlüssel zur Heiterkeit*«. Illustration.

2 · Gavrim Benrimini, *Israel* in kalligrafischer Kunstform. Lithografie, Istanbul, 1998.

3 · Der Begriff »*Heiliges Opfer*«. Lithografie von R. Eliahu Kodabasch Karmeli. Tel Aviv, 2000.

4 · Alessandro Nastasio, *Skizze für eine Eisenskulptur mit dem Begriff »Israel«*. Mailand, 1998.

3

4

1

1, 3 · Zwei Illustrationen in Holzschnitt für *Die Pariser Psalmen*. Aus dem Band *Baté ha-Kenesth (Bet ha-Keneset)* von Isidoro Kahn, dem großen Rabbiner aus Neapel, Paris, 1952.

2 · Karte mit Neujahrswünschen, Paris, 1954.

2

3

CAPVT PRIMVM.

1 IN principio creauit Deus cæ-
2 lum & terrá. ² Terra autem
A erat inanis & vacua: & tene-
bræ erant super facié abyssi:
& spiritus Dei ferebatur su-
3 per aquas. ³ Dixitq; Deus, Fiat lux. Et facta est
4 lux. ⁴ Et vidit Deus lucem quòd esset bona: &
5 diuisit lucem à tenebris. ⁵ Appellauitq; lucem
diem; & tenebras noctẽ. Factumq; est vespere
6 & mane dies vnus. ⁶ Dixit quoque Deus, Fiat
firmamentũ in medio aquarum; & diuidat a-
7 quas ab aquis. ⁷ Et fecit Deus firmamentum,
diuisitq; aquas quæ erant sub firmamento, ab
his quæ erant super firmamentũ. Et factum est
8 ita. ⁸ Vocauitq; Deus firmamentũ, cælum: &
factum est vespere, & mane dies secundus.
9 ⁹ Dixit verò Deus, Congregentur aquæ quæ
sub cęlo sunt, in locum vnum: & appareat ari-
10 da. Et factum est ita. ¹⁰ Et vocauit Deus aridã,
terram: congregationesq; aquarum appellauit
11 maria. Et vidit Deus quòd esset bonum. ¹¹ Et
B ait, Germinet terra herbá virentem & facien-
tem semen; & lignum pomiferũ faciens fructũ
iuxta genus suum, cuius semen in semetipso sit
12 super terram. Et factũ est ita. ¹² Et protulit terra
herbam virentẽ, & facientẽ semen iuxta genus
suũ; lignumq; faciens fructũ, & habens vnum-
quodq; sementem secundũ speciem suam. Et
13 vidit Deus quòd esset bonum. ¹³ Et factum est
14 vespere & mane dies tertius. ¹⁴ Dixit autẽ Deus,
Fiant luminaria in firmamento cæli; & diui-
dant diem ac noctẽ; & sint in signa & tẽpora
15 & dies & annos: ¹⁵ Vt luceát in firmamẽto cæli,
16 & illuminent terrá. Et factum est ita. ¹⁶ Fecitq;
Deus duo luminaria magna: luminare maius,
vt præesset diei: & luminare minus, vt pręesset
17 nocti: & stellas. ¹⁷ Et posuit eas Deus in firma-
18 mẽto cæli, vt lucerẽt super terrá: ¹⁸ Et pręessent
diei ac nocti; & diuiderent lucem ac tenebras.
19 Et vidit Deus quòd esset bonũ. ¹⁹ Et factum est
20 vespere, & mane dies quartus. ²⁰ Dixit etiam
Deus, Producant aquæ reptile animæ viuentis,
& volatile super terram sub firmamento cæli.

תרגום אנקלוס

Erste Seite einer dreisprachigen Bibel (Gen 1,1-20). Die linke Spalte bietet den Text der Hebräischen Bibel, die rechte den Text der Vulgata des Hieronymus (gest. 420), der Übersetzung der Hebräischen Bibel ins Lateinische. Unten ist der Text des Targum Onkelos abgedruckt.

Anhang

GLOSSAR

Achas beta': Methode der Buchstabenpermutation, die darin besteht, den ersten Buchstaben mit dem achten und dem fünfzehnten, den zweiten mit dem neunten und sechszehnten zu ersetzen und so fort. Somit wird das Alef durch das Chet oder durch das Samech ersetzt; das Bet durch das Tet oder Ajin etc.

Albam: Methode der Buchstabenpermutation, die darin besteht, den ersten Buchstaben durch den zwölften, den zweiten durch den dreizehnten usw. zu ersetzen.

Amida: ([Gebet, das] im Stehen [rezitiert wird]): auch *Schemone Essre*, Achtzehn-Bittengebet genannt; zentraler Teil der täglichen synagogalen Liturgie mit ihren drei Tagesgebeten.

Aschkenasi: palästinisch beeinflusster Jude, der aus den Regionen Mitteleuropas und vor allem Deutschland (das nach einem Nachfahren des biblischen Jafet auf Hebräisch Aschkenas heißt) stammt. Er spricht einen typischen Dialekt, den man Jiddisch nennt.

Atbasch: Methode der Buchstabenpermutation, die darin besteht, den ersten Buchstaben des Alphabets durch den letzten, den zweiten durch den vorletzten usw. zu ersetzen.

Baraita (*äußere [Lehre]*): wesentliche Traditionen und Ansichten aus mischnaischer Zeit, die jedoch nicht in der Mischna enthalten sind. Gesamtheit der von Rabbi Jehuda Ha-Nassi gesammelten Gesetze.

Bar-mizwa (*Sohn der Gebotes*): eine synagogale Zeremonie, durch die der dreizehnjährige Jude – der zum ersten Mal in der Öffentlichkeit die Bibel liest – für sein eigenes Handeln verantwortlich wird.

Berit mila: die Beschneidungszeremonie, die am achten Tag nach der Geburt des männlichen Säuglings stattfindet.

Essener: Mitglieder einer asketischen Sekte, die sich der nationalen Ideologie der Pharisäer widersetzten. Die Sekte war in Palästina zwischen dem 2. Jh. v. Chr. und 70 n. Chr. aktiv. Ihre Mitglieder lebten in Gütergemeinschaft, befolgten strenge Regeln und hielten vor allem die Sabbatgebote und eine Reihe von Reinheitsgeboten ein. Ihre zahlreichen esoterisch-mystischen Texte wurden nur an Schüler weitergegeben.

Gemara (*Vervollständigung*): die Kommentare und Diskussionen zur *Mischna*, die in den beiden Talmudformen (dem babylonischen und dem jerusalemischen Talmud) gesammelt wurden.

Gematria: Methode der Interpretation und Permutation hebräischer Wörter in ihre Zahlenwerte. Die *Gematria* steht dem *Abjad*-System der muslimischen Sufis sehr nah.

Genisa (*Aufbewahrung*): Ort, an dem heilige Gegenstände und Texte deponiert werden, die als solche nicht zerstört oder weggeworfen werden dürfen.

Haggada (*Erzählung*): der narrative Teil der Tora – historische Erzählungen, Anekdoten, Parabeln, Legenden – in leicht verständlicher und lehrhafter Form. Daneben bezeichnet der Begriff auch die Bücher für die Gestaltung des Sederabends des *Pessach*-Festes. Diese *Pessach-Haggada* ist eines der verbreitetsten und am häufigsten übersetzten jüdischen Bücher. Es erzählt von der Befreiung aus der Versklavung in Ägypten und wird während des *seder* (feierliches Pessachmahl) vom Familienoberhaupt vorgelesen.

Halacha (*Wandel*): das juristische Material der traditionellen Lehre, zunächst mündlich überliefert und später in der Mischna und im Talmud schriftlich fixiert.

Jeschiwa (*Sitzen, Sitzung*): Herkömmliche Bezeichnung für eine jüdische Talmud-Tora-Schule.

Kabbala (*Tradition*): die jüdische Mystik. Berühmtestes Werk ist der *Sohar* (Buch des Glanzes). Im Zentrum der Kabbala steht die Vorstellung, dass Gott sich durch zehn hypostatische Emanationen oder Sefirot in der Welt manifestiert.

Ketubba (aramäisch: *Ehevertrag*): Vertrag, in dem die Bedingungen einer Ehe festgesetzt werden; für gewöhnlich auf Papier oder Pergament geschrieben und mit gezeichneten oder in Miniatur gemalten Rahmen geschmückt.

Masora (von der Wurzel *übermitteln, Überlieferung*): die »Tradition« (oder aber der kritische Apparat) der jüdischen Gelehrten, die zwischen dem 8. und dem 10. Jh. endgültig den Text der Bibel festlegten. Die gewissenhaften kritischen und philologischen masoretischen Anmerkungen sind folglich die Anmerkungen zu Form und Lektüre des heiligen Textes (Textmasora) und zu seiner Nummerierung (Zahlenmasora).

Megilla (*Rolle*. Plural: *megillot*): Name von fünf Büchern der *Bibel: Rut, Hohelied, Kohelet, Klagelieder und Ester*. Ihr Name geht auf die Tatsache zurück, dass diese Bücher an großen Festtagen (ein jedes zu einer bestimmten Feier), beinah separat vom biblischen *Korpus*, gelesen wurden.

Mesusa (Plural *mesusot*): Kapsel mit einer Pergamentrolle, auf dem u.a. das Schema-Jisrael-Gebet geschrieben ist; sie wird am rechten Türpfosten der Haustür und an fast allen weiteren Türen im Haus befestigt.

Midrasch (von: *darasch: lehren, suchen*; Plural *midraschim*): homiletische Auslegung des biblischen Textes. Es handelt sich um hebräische und aramäische Schriften nachbiblischer Rabbinen mit Erklärungen und Kommentaren zur Bibel. Die ersten Texte dieser Art werden Jehuda ha-Nassi (2. Jh. n. Chr.) zugeschrieben. Man unterscheidet zwischen halachischen und haggadischen *Midraschim*.

Mischna (*Wiederholung, Studium*): bedeutende Sammlung von zivilrechtlichen Regeln und religiös-gesetzlichen Normen, die die Grundlage des Talmud bilden. Die Abfassung der Mischna in ihrer überlieferten Form wird auf das Ende des 2. Jh. n. Chr. datiert und Rabbi Jehuda ha-Nassi zugeschrieben. Die *Mischna* ist in sechs Abschnitte unterteilt, die *Ordnungen* genannt werden.

Mizwa: Gebot, religiöse Pflicht biblischen oder rabbinischen Ursprungs; auch gutes, barmherziges Werk.

Notarikon: Interpretationsmethode, nach der jeder Buchstabe eines Wortes als Initiale für ein mit diesem Buchstaben beginnendes neues Wort gilt.

Parascha (Plural *paraschot* oder *paraschijjot*): Abschnitt der *Tora* (*Pentateuch*), der in der Synagoge während der Sabbatliturgie vorgetragen wird. Der gesamte *Pentateuch* ist in 54 *paraschot* unterteilt und wird in einem einjährigen Zyklus vollständig gelesen.

Pardes (*Garten*): Akrostichon für die vier Schriftsinne der Bibelauslegung: *Peschat* (wörtliche Auslegung), *Remes* (allegorische Auslegung), *Derasch* (haggadisch-homiletische Auslegung) und *Sod* (mystisch-kabbalistische Auslegung).

Pessach (*Pascha*; von der Wurzel *pasach*: übergehen): das größte Fest des jüdischen Volkes zum Gedenken an die Befreiung aus der Versklavung in Ägypten. Es wird acht Tage lang gefeiert, Der Seder-Abend, der in der Nacht vom 14. auf den 15. Nissan in der Familie begangen wird, bildet den Höhepunkt dieses Festes.

Purim: »Fest der Lose«, das an die Aufhebung des Ediktes des niederträchtigen Ministers Haman (Persien, 6. Jh. v. Chr.) erinnert, eines Ediktes, das den Juden stark geschadet hätte. Das Purimfest wird am 14. und 15. *Adar* gefeiert, und während der Zeremonie wird die *Megillat Ester* gelesen.

Seder (*Ordnung*): Der *Seder leleil Pessach* (Ordnung für die Pessachnacht) ist das Ritualbuch für den ersten bzw. die beiden ersten Abend/e des Pessach-Festes.

Sefardim (von hebräisch *Sefarad*: Spanien): Juden, die vor der Vertreibung von 1492 in Spanien und Portugal lebten. Die von ihnen entwickelte Sprache ist das Judenspanisch (Ladino).

Sefer Tora (von *sefer*, Plural *sefarim*: Buch): die von einem ausgebildeten Schreiber in besonderen Buchstaben abgefassten Pergamentrollen, die den *Pentateuch* enthalten.

Sefira (*Zahl, Sphäre*): Der Begriff bezeichnet möglicherweise die »Sphäre der Emanation«, Macht, Manifestation Gottes. Die Kabbalisten zählen zehn *Sefirot*: 1. *Keter* (höchste Krone, auch mit *En Sof* gleichgesetzt, dem unendlichen Gott in seinem unbegrenzten Wesen); 2. *Chochma* (Weisheit); 3. *Bina* (Einsicht, Intelligenz); 4. *Chesed* (Liebe); 5. *Gewura* (Stärke), stattdessen auch *Din* (Gerechtigkeit); 6. *Tiferet* (Pracht), stattdessen auch *Rachamim* (Barmherzigkeit); 7. *Nezach* (Ewigkeit, Sieg); 8. *Hod* (Herrlichkeit, Schönheit); 9. *Jesod* (Fundament); 10. *Malchut* (Königsherrschaft, -reich). Gemeinsam bilden die zehn *Sefirot* den »Sefirotbaum«, durch den – mystisch gesprochen – die göttliche Energie im Kosmos verströmt.

Siddur (Plural *siddurim*): Gebetbuch.

Sohar (*Glanz*, kurz für *Sefer ha-Sohar, Buch des Glanzes*): zentrales Werk der Kabbala; umfangreicher mystischer Kommentar, der Schimon bar Jochai zugeschrieben wird, mit einigen Teilen, die vermutlich nachträglich von weiteren Autoren zugefügt wurden.

Talmud (*Lehre, Studium*): umfangreiche Sammlung rabbinischer Schriften, die Überlegungen von Schulgelehrten zur Bibel vereint. Es existiert eine palästinische (*Talmud Jeruschalmi*) und eine spätere, ausführlichere babylonische (*Talmud Bawli*) Version, die um 500 n. Chr. abgeschlossen wurde.

Targum (*Übersetzung*): die Versionen der Schrift in jüdischem Aramäisch, zwischen dem 1. und dem 2. Jh. n. Chr. vervollständigt. Das bedeutendste Targum ist der *Targum Onkelos*, benannt nach dem römischen Proselyten, dem das Werk zugeschrieben wird.

Tarjeschkat: Methode der Buchstabenpermutation, die darin besteht, den neunten Buchstaben durch den zwanzigsten, den zehnten durch den einundzwanzigsten und den elften durch den zweiundzwanzigsten zu ersetzen.

Tefilla (Plural *Tefillot*): Gebet.

Tefillin: Riemen, die die Männer ab dem dreizehnten Lebensjahr zum Morgengebet, mit Ausnahme des Sabbats, um Arme und Kopf wickeln. In den *Tefillin* sind vier Pergamente mit Gebeten (u.a. Schema-Jisrael) enthalten.

Tetragramm: Bezeichnung für die vier mystischen Buchstaben JHWH, die den unaussprechlichen Namen Gottes bilden. Wahrscheinlich geht das Tetragramm auf die semitische Wurzel für »sein« zurück, die hier – so eine übliche Deutung – in der 3. Pers. Singular sowohl in der einfachen Verbalform (*Er ist*) als auch in der kausativen Verbalform (*Er lässt sein*) vorliegt.

Tora (Plural: *Torot: Lehre, Doktrin*; auch: *Gesetz*): Als Fundament der Religion Israels besteht die Tora aus fünf Büchern (*Pentateuch*): *Genesis, Exodus, Levitikus, Numeri, Deuteronomium*. Es gibt eine schriftliche *Tora* (*Pentateuch*) und eine mündliche *Tora*, die im *Talmud* festgehalten ist.

Tosefta (*Hinzufügung*): Sammlung von Lehren und Traditionen (*baraitot*) zur Ergänzung der *Mischna*. Auf die gleiche Wurzel geht der Begriff *tosafot* zurück: von hervorragenden Gelehrten geschriebene Kommentare zum *Talmud*.

Zadik, *zedaka, zedek (Gerechter, Gerechtigkeit, gerechte Sache)*: biblisches Konzept, das sich auf das gerechte und barmherzige Verhalten bezieht. Als »gerecht« wird aber auch der bezeichnet, der sich den Anforderungen der Tora und dem religiösen Kanon entsprechend verhält.

AUSGEWÄHLTE LITERATUR

Antonioli, V. u. Mortara, L.: *Manoscritti biblici ebraici decorati*. ADEI-WIZO, Mailand, 1966.

Atlante storico del Popolo Ebraico, Zanichelli Editore, Bologna, 1995.

Ben Gourion, David: *Destins d'Israël*, Hachette, Paris, 1967.

Bianchi, Enzo (mit Vorwort von Giuseppe Laras): *Piccolo dizionario dell'Ebraismo*. Gribaudi, Mailand, 1995.

Busi, Giulio u. Loewenthal, Elena: *Mistica ebraica. Testi della tradizione segreta del giudaismo dal III al XVIII secolo*. Einaudi, Turin, 1995.

Cusin, Silvio: *Arte nella tradizione ebraica* (Editorischer Apparat von Gabriele Mandel). ADEI-WIZO, Mailand, 1963.

Deiana, Giovanni u. Spreafico, Ambrogio: *Guida allo studio dell'ebraico biblico*. British and foreign Bible Society, Rom, 1990.

Diringer, David: *The Alphabet. A Key of the History of Mankind*. Hutchinson & Co, London, 1948 (3. durchgesehene Auflage, in zwei Bänden: 1968).

Fabre-d'Olivet, Antoine: *La langue hébraïque restituée*, Éditions L'Âge d'Homme, Renens (Schweiz), 1975.

Ginsburgh, Rabbi Yitzchak: *The Hebrew Letters. Channels of Creative Consciousness*. Gal Einai Publication, Jerusalem, 1990.

Galzerson, Matityahu: *Letters of Fire*. Feldheim Publishers, Jerusalem, 1991.

Goldschmidt, Lazarus: *Das Buch der Schöpfung (Sefer Jezira)*, Frankfurt am Main, 1894.

Haralik, Robert: *The Inner Meaning of the Wisdom of the Hebrew Letters*. Aronson, London, 1995.

Karmeli, R. Eliahu Kodabash: *Il libro dei Proverbi, 22 variazioni alfabetiche*. Holzschnitte von Gabriele Mandel. WIZOT, Jerusalem, 2000.

Kushner, R. Lawrence: *Sefer Otijot: ein mystisches Alfabet*. Das Buch der Buchstaben. Kovar, Eichenau, 1996.

Mandel, Gabriele: *Civiltà scritta*. GEC, Mailand, 1969.

Munk, Rabbi Michael L.: *The Wisdom of the Hebrew Letters*. Mesorà Publication, New York, 1997.

Saghì Abravanel, Daniela: *Il segreto dell'alfabeto ebraico*. Mamash Edizioni Ebraiche, Mailand, 1999.

Scholem, Gerhard: *Das Buch Bahir*, Leipzig 1923.

Uaqnin, R. Mark Alain: *Le Mystère de l'Alphabet*, Assulin, Paris, 1997.

Wünsche, August: *Zweite (jüngere) Rezension des Alphabet-Midrasch des R. 'Akiba*, in: ders.: *Aus Israels Lehrhallen, IV: Kleine Midraschim zur jüdischen Ethik, Buchstaben- und Zahlensymbolik*, Leipzig, 1909, S. 199-269.

THEMATISCHER INDEX